PARIS

DENISE URBACH

Der perfekte MÄDELSURLAUB

BRUCKMANN

Inhalt

MOULIN ROUGE

Paris, mon amour

Paris, die Faszinierende und Facettenreiche,
Stadt der Liebe und der tausend Lichter,
Modemetropole und Partyhochburg

Paris zählt zu den schönsten Städten der Welt. Jährlich strömen mehr als 30 Millionen Menschen in die Metropole an der Seine, um den weltbekannten Eiffelturm, die auf der Île de la Cité gelegene Kathedrale Notre-Dame und die nicht älter werdende Mona Lisa von Leonardo da Vinci im Louvre aus nächster Nähe zu bewundern.

Paris hat wahnsinnig viel zu bieten. Meist reicht ein Städtetrip nicht aus, um alle bekannten Sehenswürdigkeiten der Stadt auf Fotos festzuhalten und das besondere Pariser Flair, von dem außerhalb der französischen Landesgrenzen so viel geschwärmt wird, einzufangen. Jeder möchte zumindest einmal in seinem Leben nach Paris reisen. Diejenigen, die schon einmal in Paris gewesen sind, berichten begeistert vom Savoir-vivre der Franzosen, der prächtigen Champs-Elysées (S. 81), vom Shoppingvergnügen in den Galeries Lafayette (S. 53), tollen Cafés und Restaurants sowie dem beeindruckenden Blick, der sich Besuchern aus der letzten Etage des Eiffelturms über die ganze Stadt eröffnet. Der magische Zauber der französischen Metropole ist an vielen Orten ganz deutlich zu spüren!

Paris ist reich an weltbekannten Sehenswürdigkeiten. Die Fülle an sehenswerten Monumenten und ihr Ruf als Stadt der Liebe üben eine ganz besondere Faszination aus. Daher ist es nicht überraschend, dass Paris die meistbesuchte Stadt der Welt ist. Viele Verliebte träumen davon, am Valentinstag ein Schloss als Zeichen ihrer Liebe an der Pont des Arts anzubringen und danach den Schlüssel ganz romantisch in die Seine zu werfen. Für Verliebte ist Paris die perfekte Stadt, keine Frage. Gleichzeitig ist sie aber noch viel mehr als nur Amour und Sightseeing.

Zweimal im Jahr findet in der Modemetropole an der Seine die Pariser Fashion Week statt, bei der die Haute-Couture-Mode französischer Designer für die kommende Saison gezeigt wird. Zwischen Sightseeing und ausgiebigen Shoppingtouren laden die typisch französischen Cafés und Brasserien zu einer Verschnaufpause auf ihre sonnigen Terrassen ein. Abends wird Paris seinem Ruf als Partymetropole gerecht. Ob in einer der angesagtesten Diskotheken der Stadt oder auf einem coolen Hausboot auf der Seine, feiern kann man in Paris an den außergewöhnlichsten Orten.

Paris steht also nicht nur bei verliebten Paaren hoch im Kurs. Die Stadt an der Seine ist für Städtetrips mit den Freundinnen bestens geeignet. Denn sie vereint alles, was einen perfekten Urlaub ausmacht. Paris bietet Kunst- und Kulturliebhabern ein umfangreiches Sightseeing-Programm, Shoppingbegeisterten paradiesische Zustände, Gourmet-Fans ein besseres Verständnis des Ausspruchs »Leben wie Gott in Frankreich« und Partygängern coole Locations für die Nacht.

Jeder Stadtteil von Paris ist eine Welt für sich und versprüht seinen ganz besonderen Charme. In den chinesischen und afrikanischen Vierteln der Stadt liegt multikulturelles Flair in der Luft. Die belebten Grands Boulevards liefern interessante Einblicke in das quirlige Pariser Alltagsleben. Das ehemalige Intellektuellen-Viertel Saint-Germain südlich der Seine ist für seine Literatencafés und zahlreichen Luxusboutiquen bekannt. Im Norden der Stadt lässt das bei Touristen sehr beliebte Viertel Montmartre seinen künstlerischen Charme spielen und in den kleinen, schiefen Gassen des Marais fühlt man sich in vergangene Jahrhunderte zurückversetzt. Paris ist eine überaus spannende Stadt voller Gegensätze. Das macht sie aufregend und beeindruckend zugleich. Kein Wunder, dass es meist nicht bei einem Besuch bleibt!

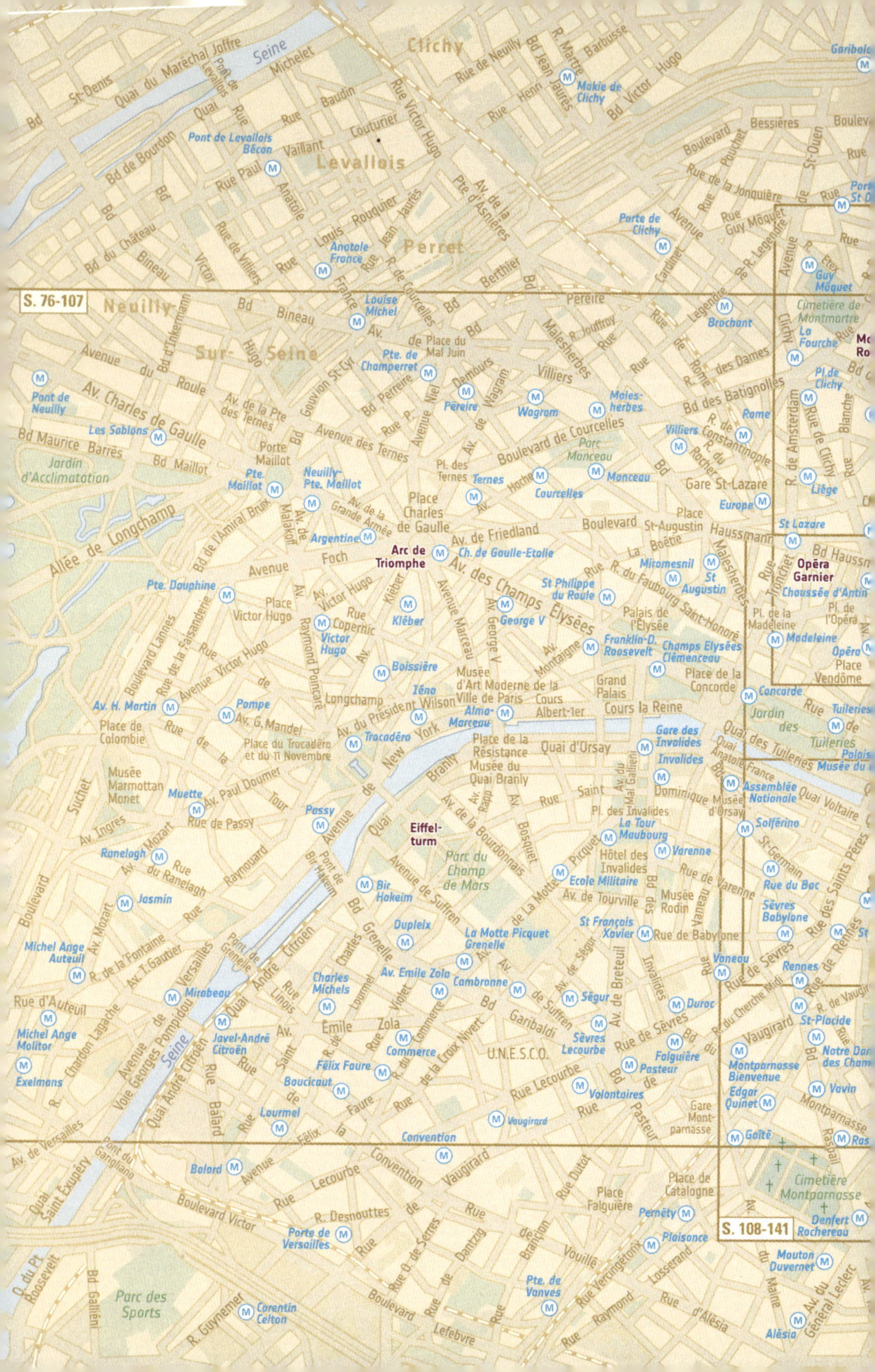

Seine
Clichy
Levallois
Perret
Neuilly-Sur-Seine
S. 76-107
S. 108-141
Quai du Maréchal Joffre
Pont de Levallois
St-Denis
Michelet
Baudin
Rue Victor Hugo
Rue de Neuilly
Bd Jean Jaurès
R. Martre
Barbusse
Mairie de Clichy
Bd Victor Hugo
Rue Henri
Couturier
Pont de Levallois Bécon
Vaillant
Bd de Bourdon
Rue Paul
Anatole
Rue de Villiers
Louis Rouquier
Jean Jaurès
Av. de la Pte d'Asnières
Anatole France
R. de Courcelles
Berthier
Bd du Château
Bineau
Victor
Bessières
Boulevard
Rue Pouchet
Rue de la Jonquière
Guy Môquet
Porte de Clichy
Avenue
Cardinet
R. Legendre
Avenue de St-Ouen
Porte St-Ouen
Guy Môquet
R. Étex
Cimetière de Montmartre
La Fourche
Clichy
Brochant
Pereire
Bd Bineau
Louise Michel
de Place du Mal Juin
Pte. de Champerret
Malesherbes
R. Jouffroy
Villiers
Rue de Rome
des Dames
Pl. de Clichy
Avenue du Roule
Bd d'Inkermann
Hugo
Gouvion St-Cyr
Bd Pereire
Demours
Av. Niel
Wagram
Pereire
Av. de Wagram
Malesherbes
Bd des Batignolles
Rome
Pont de Neuilly
Av. Charles de Gaulle
Les Sablons
Av. de la Pte des Ternes
Avenue des Ternes
Boulevard de Courcelles
Parc Monceau
Villiers
R. de Constantinople
R. du Rocher
R. d'Amsterdam
Rue de Clichy
Blanche
Bd Maurice Barrès
Jardin d'Acclimatation
Bd Maillot
Porte Maillot
Pte. Maillot
Neuilly-Pte. Maillot
Pl. des Ternes
Ternes
Hoche
Courcelles
Monceau
Gare St-Lazare
Europe
Liège
Allée de Longchamp
Bd de l'Amiral Bruix
Av. de Malakoff
Av. de la Grande Armée
Argentine
Place Charles de Gaulle
Av. de Friedland
Boulevard Haussmann
Place St-Augustin
St Lazare
Arc de Triomphe
Ch. de Gaulle-Etoile
Foch
Avenue
La Boétie
Miromesnil
St Augustin
Opéra Garnier
Bd Haussmann
Chaussée d'Antin
Pte. Dauphine
Place Victor Hugo
Av. Victor Hugo
Kléber
Av. des Champs Elysées
St Philippe du Roule
R. du Faubourg Saint-Honoré
Palais de l'Élysée
Pl. de la Madeleine
Pl. de l'Opéra
Rue Copernic
Victor Hugo
George V
Avenue Marceau
Av. George V
Madeleine
Opéra
Franklin-D. Roosevelt
Champs Elysées Clémenceau
Place Vendôme
Boulevard Lannes
Rue de la Faisanderie
Avenue Victor Hugo
Raymond Poincaré
Boissière
Av. Montaigne
Musée d'Art Moderne de la Ville de Paris
Grand Palais
Place de la Concorde
Concorde
Iéna
Longchamp
Av. du Président Wilson
Cours Albert-1er
Cours la Reine
Rue de Rivoli
Tuileries
Av. H. Martin
Pompe
Av. G. Mandel
Alma-Marceau
Jardin des Tuileries
Place de Colombie
Place du Trocadéro et du 11 Novembre
Trocadéro
Av. de New York
Place de la Résistance
Musée du Quai Branly
Quai d'Orsay
Gare des Invalides
Invalides
Quai des Tuileries
Quai Anatole France
Musée du Louvre
Musée Marmottan Monet
Muette
Av. Paul Doumer
Branly
Av. Rapp
Av. Bosquet
Rue Saint Dominique
Av. du Mal Gallieni
Assemblée Nationale
Quai Voltaire
Musée d'Orsay
Suchet
Rue de Passy
Passy
Eiffelturm
Av. de la Bourdonnais
Pl. des Invalides
La Tour Maubourg
Solférino
Av. Ingres
Mozart
Ranelagh
Rue du Ranelagh
Raynouard
Pont de Bir-Hakeim
Bir Hakeim
Parc du Champ de Mars
Avenue de Suffren
Av. de La Motte Picquet
Hôtel des Invalides
Varenne
Rue de Varenne
St-Germain
Rue du Bac
Jasmin
Ecole Militaire
Av. de Tourville
Musée Rodin
Vaneau
Sèvres Babylone
Rue des Saints Pères
Boulevard
Av. Mozart
Pont de Grenelle
Quai André Citroën
Dupleix
Bd de Grenelle
La Motte Picquet Grenelle
St François Xavier
Rue de Babylone
Michel Ange Auteuil
R. de la Fontaine
Av. T. Gautier
Charles Michels
Av. Emile Zola
Cambronne
Av. de Ségur
Vaneau
Rue de Sèvres
Rennes
Rue d'Auteuil
Mirabeau
Rue Linois
Rue Lourmel
Viollet
Bd Garibaldi
Ségur
Duroc
R. du Cherche Midi
St-Placide
R. de Vaugirard
Michel Ange Molitor
Chardon Lagache
Javel-André Citroën
Emile Zola
Av. de Suffren
Sèvres Lecourbe
Av. de Breteuil
Bd des Invalides
Falguière
Vaugirard
Notre Dame des Champs
Exelmans
Avenue de Versailles
Voie Georges Pompidou
Av. Saint
Rue du Commerce
Commerce
R. de la Croix Nivert
U.N.E.S.C.O.
Pasteur
Montparnasse Bienvenüe
Félix Faure
Rue Lecourbe
Volontaires
Bd de Pasteur
Edgar Quinet
Vavin
Boucicaut
Rue Balard
Lourmel
Rue Félix Faure
Vaugirard
Gare Montparnasse
Gaîté
Montparnasse
Raspail
Av. de Versailles
Pont du Garigliano
Convention
Balard
Avenue
Rue Lecourbe
Rue de Vaugirard
Rue Dutot
Place Falguière
Place de Catalogne
Cimetière Montparnasse
Quai Saint Exupéry
Boulevard Victor
R. Desnouettes
Pernety
Denfert Rochereau
Porte de Versailles
Rue O. de Serres
Rue de Dantzig
Rue de Brançion
Vouillé
Plaisance
Rue Vercingétorix
Losserand
Mouton Duvernet
Rue du Maine
Q. du Pt. Roosevelt
Bd Galliéni
Parc des Sports
R. Guynemer
Corentin Celton
Boulevard Lefebvre
Pte. de Vanves
Rue Raymond
Rue d'Alésia
Av. du Général Leclerc
Alésia

S. 142-179
S. 42-75
S. 8-41
S. 142-179
Boulevard Macdonald
Rue Cartier Bresson
Av. Edouard Vaillant
Aubervilliers-Pantin 4 Chemins
Ponte de Clignancourt
Boulevard Ney
Belliard
Rue Championnet
Bd Ornano
Pte. de Clignancourt
Pte. de la Chapelle
Rue de la Chapelle
Rue de l'Evangile
R. d'Aubervilliers
Curial
Cité des Sciences et de l'Industrie
Bd Macdonald
Gare Routière Internationale
Géode
Porte de la Villette
Parc de la Villette
Rue Hoche
Rue Ordener
Rue Marcadet
Simplon
Rue Custine
J. Joffrin
Sacré Cœur
Lamarck Coulaincourt
Marcadet Poissonniers
R. Doudeauville
Marx Dormoy
Rue Marx Dormoy
R. du Département
Rue de Tanger
Riquet
Quai de la Seine
Quai de la Loire
de Crimée
Crimée
Rue de l'Ourcq
Corentin Cariou
Flandre
Avenue Jean Jaurès
Petit
Ourcq
Pte. de Pantin
Boulevard Sérurier
Bd d'Indochine
R. A. Joineau
Hoche
R. Danton
Avenue Jean Lolive
Montmartre
Barbès
Château Rouge
Boulevard de la Chapelle
Abbesses
Bd de Rochechouart
Barbès Rochechouart
Anvers
Gare du Nord
La Chapelle
Stalingrad
Laumière
Manin
Parc des Buttes Chaumont
R. David d'Angers
Rue des Mouzaia
Danube
Pigalle
Rue Notre Dame de Lorette
R. de Maubeuge
Saint Vincent de Paul
Gare du Nord
Bd de Magenta
R. St-Denis
La Fayette
Canal St-Martin
R. du Faubourg St-Martin
Quai de Jemmapes
Bd de la Villette
Jaurès
Av. Secrétan
Bolivar
Rue Botzaris
Botzaris
R. des Solitaires
Pré St Gervais
R. des Bois
St Georges
Cadet
Poissonnière
Gare de l'Est
Château Landon
Place du Colonel Fabien
Colonel Fabien
Buttes Chaumont
Rue de Belleville
Place des Fêtes
Belleville
Télégraphe
Jourdain
N. D. de Lorette
Le Peletier
Bd Montmartre
Bd Poissonnière
Richelieu Drouot
Rue du Faubourg Poissonnière
Bd Strasbourg
R. du Fbg St-Martin
Gare de l'Est
Rue de la Grange aux Belles
Pyrénées
Parc de Belleville
R. des Couronnes
Rue St-Fargeau
Rue du Surmelin
St Fargeau
Bonne Nouvelle
Bd St-Denis
Bd St Martin
Jacques Bonsergent
R. du Faubourg du Temple
Belleville
Couronnes
Rue de Ménilmontant
Rue Sorbier
Pelleport
Quatre Septembre
Réaumur
Sébastopol
Marais
Pl. de la République
République
Goncourt
Oberkampf
Ménilmontant
Sentier
Turbigo
Temple
Rue Belgrand
Porte de Bagnolet
Gambetta
Av. Gambetta
Pyramides
Rue de Réaumur
Arts et Métiers
Av. de la République
Parmentier
Rue St Maur
Comédie Française
Les Halles
Etienne Marcel
St Sébastien Froissart
Oberkampf
Chemin Vert
Père Lachaise
Musée du Louvre
Châtelet Les Halles
Centre Pompidou
Rambuteau
Rue des Archives
Bd Beaumarchais
St Ambroise
Philippe Auguste
Alexandre Dumas
Rue de Bagnolet
Rue Vitruve
Rue de Rivoli
Quai de la Mégisserie
Châtelet
Cité
Hôtel de Ville
R. des Francs Bourgeois
Chemin Vert
Bréguet Sabin
Voltaire
Rue de Charonne
Av. Philippe Auguste
St Paul
Place des Vosges
Charonne
Germain des Prés
St Michel
Cathédrale de Notre-Dame
Quai de l'Hôtel de Ville
Sully Morland
Place de la Bastille
Bastille
Rue Chanzy
Rue des Boulets
Maraîchers
Buzenval
Saint Germain
Cluny La Sorbonne
Quai de Montebello
Pont Marie
Bd Henri IV
Opéra de Paris Bastille
Rue du Faubourg Saint Antoine
Rue de Montreuil
Avron
Sulpice
Odéon
Maubert Mutualité
Bd St-Germain
Q. de la Tournelle
Pont de Sully
Bd Morland
Place d'Aligre
Reuilly Diderot
Boulevard Diderot
Nation
Cours de Vincennes
Porte de Vincennes
Rue des Écoles
Cardinal Lemoine
Université
Jussieu
Quai Henri IV
Seine
Gare de Lyon
Avenue Ledru Rollin
Rue Crozatier
Av. de Picpus
Saint Mandé
Panthéon
Pl. Monge
Place Jussieu
Rue Cuvier
Quai Saint Bernard
Jardin des Plantes
Gare d'Austerlitz
Gare de Lyon
Montgallet
Daumesnil
Bel Air
Boulevard Saint Michel
Rue Saint Jacques
Censier Daubenton
Museum National d'Histoire Naturelle
St Marcel
Quai d'Austerlitz
Quai de la Rapée
Bercy
Dugommier
Reuilly
Rue Claude Decaen
Boulevard de Port Royal
Les Gobelins
Bd St-Marcel
Campo Formio
Boulevard de l'Hôpital
Pitié-Salpêtrière
Quai de la Gare
Chevaleret
Cour St Emilion
Rue de Charenton
Michel Bizot
Porte Dorée
St Jacques
Boulevard Arago
Nationale
Bd Vincent-Auriol
Glacière
Av. des Gobelins
Place d'Italie
Bibliothèque F. Mitterrand
Quai de Bercy
Pte. de Charenton
Corvisart
Bd Auguste Blanqui
Place d'Italie
Place Jeanne d'Arc
Rue de Tolbiac
Tolbiac
0
500 m

Das Zentrum

Bekannte Sightseeing-Attraktionen und Shopping-Highlights direkt an der Seine, im jüdischen Viertel Marais und auf den Pariser Stadtinseln

Die Stadt Paris besteht aus 20 schneckenförmig angeordneten Vierteln, die im Französischen als Arrondissements bezeichnet werden. Das Pariser Stadtzentrum umfasst die ersten vier der 20 Pariser Arrondissements inklusive der beiden Stadtinseln Île de la Cité und Île Saint-Louis. In diesem zentralen Teil von Paris befinden sich etliche der bekanntesten Sehenswürdigkeiten der Stadt wie beispielsweise der Louvre im Jardin des Tuileries (S. 14), das Hôtel de Ville (S. 13), die Kathedrale Notre-Dame (S. 14) sowie das aus zahlreichen bunten Röhren gebaute Centre Georges Pompidou (S. 12).

Für Shoppingfans ist das zentrale Paris ein ganz besonderes Highlight, da hier zum Beispiel das Forum des Halles (S. 20), eines der größten unterirdischen Einkaufszentren Europas, zu finden ist. Quer durch dieses Stadtviertel hindurch verläuft zudem eine der längsten Einkaufsstraßen von Paris, die Rue de Rivoli, an die sich zwischen dem Hôtel de Ville und Saint-Paul das sehr hippe Marais-Viertel anschließt. Das Marais ist ein ehemaliges Sumpfgebiet, das ursprünglich außerhalb der Stadtgrenzen lag. Heute ist es das Pariser Szene-Viertel schlechthin. Sehr coole Concept Stores, prall gefüllte Vintage-Läden, aber auch nette Cafés mit großen Terrassen und gut besuchte Restaurants so weit das Auge reicht!

Neben unzähligen Shopping- und Essensmöglichkeiten trumpft das Viertel vor allem mit seiner großen Anzahl an beindruckenden Adelspalästen aus dem 16. und 17. Jahrhundert auf. In ihren Gemäuern befinden sich heute vor allem Museen wie etwa das Musée Carnavalet (S. 15) und das Musée Picasso (S. 16). Das Marais ist übrigens auch das jüdische Viertel von Paris. Die Rue des Rosiers (S. 17) ist die zentrale Straße des jüdischen Lebens in der französischen Hauptstadt. Sie ist definitiv einen Abstecher wert. Genauso wie der schönste Platz von Paris – so bezeichnen die Einheimischen ihren majestätischen Place des Vosges (S. 16).

Place Diaghilev
Boulevard Haussmann
Opéra Garnier
Richelieu Drouot
Bd. Montmartre
Grands Boulevards
Bd. Poissonnière
Icone
Opéra Comique
O'Sullivans
Bd des Italiens
Opéra
Place de l'Opéra
Volney Opéra
Bd des Capucines
Rue du Quatre Septembre
Quatre Septembre
Place de la Bourse
Rue Feydeau
Rue des Jeûneurs
Social Club
Daunou Opera Hotel
Best Western Gaillon Opera
Louvre Marsollier Opéra
St-Augustin
Bourse
Place Vendôme
Place M. Barrès
Galerie Vivienne
L'Avant Première
Le Pain Quotidien
R. Paul Lelong
Sentier
Bolly Nan
Rue du Mail
Rue d'Aboukir
Feē nature
Le SPA Dans Le Noir Paris
Kiliwatch
Timhotel
Pyramides
Place des Victoires
Rue Saint-Honoré
Rue de Rivoli
Tuileries
Jardin du Palais Royal
Banque de France
Rue Étienne Marcel
Terrasse des Feuillants
Jardin des Tuileries
Toni & Guy Académie
Place A. Malraux
SPA L'Arbre à Sens
Crayon
Café Marly
Place du Palais Royal
BVJ Louvre
Place René Cassin
Les Halles
Jardin du Carrousel
La Terrasse de Pomone
Place du Carrousel
Palais Royal Musée du Louvre
Forum des Halles
Università della Pizza
Place M. Quentin
Terrasse du Bord de l'Eau
Quai des Tuileries
Pyramide
Musée du Louvre
Louvre-Rivoli
Minelli
Palais du Louvre
Kong
See U Soon
Pont Royal
Quai Anatole France
Pont du Carrousel
Quai Voltaire
Seine
Pont des Arts
Place de l'École
Pont Neuf
Quai de la Mégisserie
Dernier Bar
Quai Malaquais
Pl. de l'Institut
Quai de Conti
Place du Pont Neuf
Germain des Prēs
Ma Salle à Manger
Place Dauphine
Palais de Justice
Quai de l'Horloge
Sainte-Chapelle
Rue Jacob
Rue Visconti
Bd Saint Germain
St Germain des Prés
R. St André des Arts
Saint-Michel
Quai St-Michel
Mabillon
R. de Huchette
Rue du Four
R. Clément
Pl. H. Mondor
Rue Danton
Sèvres-Babylone
Pl. Le Corbusier
Saint-Sulpice
R. Lobineau
Pl. St Sulpice
Rue St Sulpice
Odéon

Kultur
Shopping
Restaurant
Wellness
Ausgehen
Übernachten
0
200 m
Château d'Eau
Jacques Bonsergent
Place Jacques Bonsergent
Strasbourg St Denis
Bonne Nouvelle
Bd. de Bonne Nouvelle
Place J. Strauss
Boulevard St-Martin
Place de la République
République
Réaumur Sébastopol
Musée des Arts et métiers
Arts et Métiers
Paris France Hotel
Temple
Oberkampf
Club Andy Wahloo
La Trinquette
Le Barav
Hôtel du Vieux Saule
Les Enfants Rouges
Little Red Door
Filles du Calvaire
Etienne Marcel
Ecole des Spas et Instituts
Candelaria
La jolie Garde-Robe
Les Vignoles
L'Estaminet des Enfants Rouges
Mary Celeste
Rambuteau
Jardin d'Anne Frank
Saint-Sébastien-Froissart
Centre Pompidou
Berko
Naf Naf
Place Georges Pompidou
Thelma
Vesna Nail Bar & Beauty
Musée Picasso
La Perle
Le Baiser Salé
Archives Nationales
American Apparel
Les Halles
Fountaine Stravinsky
Les Bains du Marais
Musée Carnavalet
Châtelet
Le café suedois
Bocage
Etam
Fleux
MARAIS
Oysho
BHV
Bensimon
Hôtel de Ville
Le Pick-Clops
Rue des Rosiers
Place des Vosges
City Hall
Place de l'Hôtel de Ville
Chez Joséphine
Pamela Popo
Le Loir dans la Théière
Place St-Gervais
Jeanne d'Arc
L' Ebouillanté
Saint Paul
Place du Marché Ste-Catherine
Hôpital de Hôtel-Dieu
Pont Marie
Sherry Butt
Pl. du Parvis
Maria Loca
Bastille
Cathédrale de Notre Dame
Hôtel des Deux Iles
Le Flore en l'Ile
Sully-Morland
Bd. Henri IV
Pont de Sully
Q. de Montebello
Quai de Béthune

Kultur

Kulturbegeisterte kommen im Zentrum von Paris voll und ganz auf ihre Kosten. Top-Sehenswürdigkeiten wie Notre-Dame, das Centre Georges Pompidou und das pompöse Rathaus der Stadt stehen auf der Sightseeingliste von Paris-Besuchern ganz weit oben. Neben bekannten Hot Spots der Stadt, bietet das kontrastreiche Pariser Stadtzentrum seinen Besuchern weitere Besonderheiten. Hierzu zählen prunkvolle Adelspaläste, der angeblich schönste Platz von Paris sowie weltbekannte Kunst aus vergangenen Epochen, die etwa im Musée du Louvre (S. 15) ausgestellt wird. Wer archäologisch interessiert ist, kann Spuren aus der römischen Zeit, als Paris noch Lutèce genannt wurde, auf der Île de la Cité und im Stadtmuseum (Musée Carnavalet, S. 15) entdecken.

Archives Nationales

Die Archives Nationales bezeichnen die Nationalarchive Frankreichs. In Paris sind sie in den ehemaligen Stadtpalästen Hôtel de Soubise und Hôtel de Rohan untergebracht. Ihr **Garten** bietet viele kleine Grünflächen mit mehreren versteckten Sitzmöglichkeiten und ist daher ideal für eine ruhige Pause abseits des Großstadttrubels.

60, Rue des Francs Bourgeois, 75003 Paris • Metro: Hôtel de Ville, Rambuteau • +33 1 40 27 60 96 • www.archivesnationales.culture.gouv.fr
Archiv: Mo, Mi–Fr 10–17.30, Sa, So 14–17.30 Uhr • Garten: Herbst/Winter Mo–So 8–17, Frühling/Sommer 8–19 Uhr • Eintritt zum Garten: frei

Centre Georges Pompidou

Das moderne **Kunst- und Kulturmuseum** wurde auf Initiative des Präsidenten Georges Pompidou von dem Architekten Renzo Piano entworfen und 1977 eröffnet. Damals sorgte es für viel Kritik. Das Gebäude mit den außen angebrachten Rohren für die Gebäudetechnik war für die damalige Zeit zu modern und eher untypisch. Heute ist das Centre Pompidou fester Teil des Pariser Stadtbildes und bietet regelmäßig interessante Ausstellungen an. Tolle Aussichtsplattform!

19, Place Georges Pompidou, 75004 Paris • Metro: Rambuteau • +33 1 44 78 12 33 • www.centrepompidou.fr • Mo–So 11–21 Uhr, Di geschlossen • Eintritt: 11–13 €

✳ Galerie Vivienne

Die Galerie Vivienne ist eine überdachte neoklassizistische Pariser Passage, die im Jahr 1826 erbaut wurde. Auffällig sind ihre tollen Wandverzierungen und Bodenmosaike. Vor allem **Prêt-à-porter-Läden und Dekogeschäfte** sind unter ihrem gläsernen Dach zu finden. Nach ihrer Erbauung erlebte die Passage einen großen Kundenandrang, der allerdings mit dem Bau der großen Kaufhäuser auf den Grands Boulevards abebbte.

4, Rue des Petits-Champs, 75002 Paris • Metro: Bourse • www.galerie vivienne.com • Eintritt: frei

✳ Hôtel-Dieu

Das Hôtel-Dieu befindet sich direkt neben der Kathedrale Notre-Dame und gilt als das **älteste Krankenhaus von Paris**. Der ursprüngliche Bau wurde 1865 während der städtebaulichen Maßnahmen des Barons Haussmann abgerissen und durch das heutige Gebäude ersetzt. Besonders interessant ist der Innenhof des Krankenhauses mit seinen zahlreichen Säulen und dem kleinem Garten.

1, Place du Parvis Notre-Dame, 75004 Paris • Metro: Cité • +33 1 42 34 82 34 • www.aphp.fr

✳ Hôtel de Ville

Das Pariser Rathaus wurde in der zweiten Hälfte des 19. Jahrhunderts erbaut. Der Platz vor dem **Rathaus** war im Mittelalter ein wichtiger Hafen- und Anlegeplatz. Heute finden hier zahlreiche kulturelle Veranstaltungen statt. Außerdem werden Sportevents wie etwa das Tennisturnier »Roland Garros« auf Großleinwänden übertragen. Sehr zu empfehlen ist die riesige Eisfläche, die im Winter zum Schlittschuhlaufen einlädt.

Place de l'Hôtel de Ville, 75004 Paris • Metro: Hôtel de Ville • +33 1 42 76 40 40 • www.paris.fr • Mo–Sa 10–19 Uhr

Spektakulärer Blick auf die Rückseite des Centre Pompidou: Sie besteht komplett aus knallig bunten Röhren, die außen am Gebäude angebracht sind – ein echter Hingucker. →

↑ *Auf der Brücke Pont des Arts liegt Liebe in der Luft. An der romantischen Fußgängerbrücke hängen unzählige große und kleine Schlösser mit Liebesnachrichten aus aller Welt.*

✳ Jardin des Tuileries

Der Tuileriengarten ist ein ehemaliger **Schlosspark** im Herzen von Paris. Er beherbergte einst das Pariser Stadtschloss, das aus einem Palais und dem Königspalast bestand. Dieser diente ab dem 16. Jahrhundert als Hauptsitz des französischen Königs, bis Ludwig XIV. 1682 mit seinem gesamten Königshof in das Schloss von Versailles umzog. Die grünen Stühle des Parks eignen sich prima für eine kleine Verschnaufpause!

Place de la Concorde, 75001 Paris · Metro: Concorde, Tuileries, Palais Royal-Musée du Louvre · +33 1 44 50 75 01 · www.paris.fr · Ende März–Ende Mai und Sept. 7–21, 1. Juni–31. Aug. 7–23, Ende Sept. bis Anfang März 7.30–19 Uhr

✳ Kathedrale Notre-Dame de Paris

Notre-Dame ist die meistbesuchte Sehenswürdigkeit von Paris. Neben der **gotischen Kathedrale** selbst, sind auch die zwei 70 Meter hohen Türme von Notre-Dame für Besucher zugänglich. Sie bieten einen tollen Blick auf die Stadt. Jeden Freitag und Samstag finden in der gotischen Kathedrale aus dem 12. Jahrhundert kostenlose Führungen in deutscher Sprache statt. Treffpunkt ist unter der Orgel.

6, Parvis Notre-Dame, Place Jean-Paul II, 75004 Paris · Metro: Cité, RER Saint-Michel – Notre-Dame · +33 1 42 34 56 10 · www.notredamedeparis.fr · Mo–Fr 8–18.45, Sa–So 8 bis 19.15 Uhr · Eintritt in die Kathedrale: frei, Türme: 8,50 €

✳ Marché des enfants rouges

Der »Markt der roten Kinder« ist der älteste **Markt von Paris**. Sein Name ist auf ein kleines Waisenhaus zurückzuführen, welches sich im 16. Jahrhundert an der Stelle des heutigen Marktes befand. Die kleinen Bewohner trugen rote Kleidung. Der Markt bietet neben Obst, Gemüse, Käse und Backwaren auch zahlreiche Restaurantstände mit Speisen aus aller Welt. Tolles Ambiente und sehr lecker!

39, Rue de Bretagne, 75003 Paris • Metro: Arts-et-Métiers, Filles du Calvaire • Di–Do 8.30–13, 16–19.30, Fr, Sa 8.30–13, 16–20, So 8.30–14 Uhr

✳ Musée des arts et métiers

Im Museum der Pariser Kunst- und Gewerbeschule gibt es viele spannende wissenschaftliche **Instrumente und Erfindungen** zu entdecken. Besonders interessant ist das Foucaultsche Pendel, mit dessen Hilfe die Erdrotation nachgewiesen wurde. Zum Museum gehört auch die ehemalige Klosterkirche St-Martin-des-Champs, in der sich ein Teil der Ausstellung befindet.

60, Rue Réaumur, 75003 Paris • Metro: Arts et Métiers, Réaumur-Sébastopol • +33 1 53 01 82 00 • www.arts-et-metiers.net • Di–So 10–18, Do bis 21.30 Uhr • Eintritt: 6,50 €

✳ Musée Carnavalet

Das Stadtmuseum von Paris steht im Zentrum des Pariser Marais-Viertels. Das Museum informiert zur **Stadtgeschichte** von ihren Ursprüngen bis zur heutigen Zeit. Neben der Dauerausstellung empfiehlt sich ein Besuch des Innenhofes mit seinem akkurat angelegten Garten, der einen interessanten Einblick in die französische Gartenkunst gewährt. Besonders schön sind die duftenden Rosensträucher!

23, Rue de Sévigné, 75003 Paris • Metro: Saint-Paul, Chemin Vert • +33 1 44 59 58 58 • www.carnavalet.paris.fr • Di–So 10–18 Uhr • Eintritt: frei

✳ Musée du Louvre

Das Louvre-Museum befindet sich heute in einem Teil des ehemaligen Königspalastes. Es ist das drittgrößte Museum der Welt und heißt jährlich knapp zehn Millionen Besucher willkommen. Der Andrang ist riesig, da sich viele Paris-Besucher das geheimnisvolle **Lächeln der Mona Lisa** auf keinen Fall entgehen lassen möchten. Kleiner Tipp:

Im Carrousel du Louvre liegt ein versteckter Nebeneingang zum Museum.

Musée du Louvre, 75001 Paris • Metro: Palais Royal-Musée du Louvre, Louvre-Rivoli • +33 1 40 20 53 17 • www.louvre.fr • Mo, Do, Sa, So 9–18, Mi, Fr 9–21.45 Uhr • Eintritt: 12 €

* Musée Picasso

Das Musée Picasso befindet sich im Hôtel Salé, einem ehemaligen Adelspalast aus dem 17. Jahrhundert. Seit dem Jahr 1985 beherbergt es spannende **Werke des Künstlers Pablo Picasso**, der, nachdem er Spanien im Jahre 1900 bei der Weltausstellung in Paris vertreten hatte, ab 1905 vermehrt in der Stadt tätig gewesen ist. Sein ehemaliges Atelier Le Bateau-Lavoir befindet sich in Montmartre.

5, Rue de Thorigny, 75003 Paris • Metro: Saint-Sébastien-Froissart • +33 1 42 71 25 21 • www.musee-picasso.fr • Mi–Mo 9.30–17.30, April–Sept. 9.30–18 Uhr • Eintritt: 8,50 €

Geht gar nicht

Das ehemalige Gefängnis aus der Zeit der Französischen Revolution stellt in unwirklicher, nicht sehr gelungener Weise die Gefangenschaft bekannter Persönlichkeiten wie Marie Antoinette, Danton und Robespierre nach.

* Place des Vosges

Der Place des Vosges zählt zu den fünf Königsplätzen von Paris und liegt im Marais-Viertel. Die Pariser Einwohner bezeichnen ihn als den schönsten Platz der Stadt. Besonders interessant ist seine Anlage und Gestaltung, da die Gebäude an allen Seiten des Platzes einheitlich errichtet wurden. Die **36 Stadtpaläste** am Place des Vosges bestehen aus rotem Backstein und weisen jeweils drei Etagen sowie Arkaden im Erdgeschoss auf, in denen auch noch heute Geschäfte und Restaurants ansässig sind.

Place des Vosges, 75004 Paris • Metro: Saint-Paul, Chemin Vert • www.paris.fr

* Place Vendôme

Der Place Vendôme ist ein weiterer **Königsplatz** von Paris. Er ist vor allem bekannt für die vielen Schmuck- und Uhrenhersteller wie Dior, Cartier, Breitling und Vuitton, die sich um den Platz herum angesiedelt haben. Auch das traditionsreiche Hotel Ritz, in dem Ernest Hemingway als regelmäßiger Gast der Bar bekannt war und Coco Chanel eine eigene Suite besaß, hat zum Bekanntheitsgrad des Platzes beigetragen.

Place Vendôme, 75001 Paris • Metro: Opéra, Madeleine • www.paris.fr

✳ Pont des Arts

Die Pont des Arts ist eine Fußgängerbrücke. Sie wurde zwischen 1801 und 1804 erbaut. Ursprünglich mussten Passanten für die Überquerung Brückenzoll zahlen. Heute ist die Pont des Arts ein **beliebter Treffpunkt** für laue Sommerabende und vor allem bekannt für die vielen Schlösser, die Verliebte als Zeichen ihrer Liebe an der Brücke anbringen. Der Schlüssel wird anschließend in die Seine geworfen.

Place de l'Institut, 75006 Paris • Metro: Louvre-Rivoli, Pont Neuf • +33 1 40 46 75 06 • www.paris.fr

✳ Rue des Rosiers

Die Rue des Rosiers ist die **Hauptstraße des jüdischen Viertels** Marais in Paris. Sie wurde nach den Rosensträuchern benannt, die sie einst säumten. Ihre Restaurants und Bäckereien bieten sehr leckere, durchweg koschere Waren an. Glaubt man den Parisern, bekommt man hier die allerbesten Falafeln der Stadt! Außergewöhnliche, für eine Millionenstadt untypische Atmosphäre. Windschiefe, alte Häuser und orthodoxe Juden mit Schläfenlocken, prägen das Straßenbild.

Rue des Rosiers, 75004 Paris • Metro: Saint-Paul

✳ Sainte-Chapelle

Die ehemalige Palastkapelle aus dem 13. Jahrhundert diente ursprünglich zur Aufbewahrung unschätzbar **kostbarer Reliquien**. Sie beeindruckt vor allem durch ihre beiden außergewöhnlichen Etagen, von denen die eine für das einfache Volk und die andere für den König und dessen Entourage reserviert gewesen war. Das Licht, das durch die 15 Meter hohen Buntglasfenster einfällt, schafft eine atemberaubende Atmosphäre. Ein absolutes Muss für jede Paris-Besucherin!

4, Boulevard du Palais, 75001 Paris • Metro: Saint-Michel, Cité • +33 1 53 40 60 80 • www.monuments-nationaux.fr • März–Okt. 9.30–18, Nov.–Feb. 9–17 Uhr • Eintritt: 8,50 €

✳ Stravinsky-Brunnen

Der Stravinsky-Brunnen ist nach dem Komponisten Igor Strawinsky benannt und liegt direkt neben dem Centre Georges Pompidou. Er wurde 1982 von dem Schweizer Bildhauer Jean Tinguely und der französischen Künstlerin Niki de Sainte Phalle entworfen. Die bunten Wasserfiguren und mechanischen Skulpturen, die den Brunnen schmücken, sind ein **wahrer Hingucker** und ein sehr beliebtes Fotomotiv.

Rue Brisemiche, Place Igor Stravinsky, 75004 Paris • Metro: Rambuteau • www.paris.fr

Shopping

Paris ist eine der größten Modemetropolen der Welt. Chanel, Dior und Louis Vuitton sind nur einige Namen großer Modehäuser, die für Paris und die Beliebtheit französischer Luxusartikel auf der ganzen Welt stehen. Neben Haute Couture und Prêt-à-porter-Mode hat Paris aber auch Kleidung zu erschwinglichen Preisen zu bieten. Vor allem im Pariser Stadtzentrum gibt es eine Fülle toller Shops und Boutiquen, die auf der Shoppingliste keinesfalls fehlen sollten. Die Rue de Rivoli bietet auf fast vier Kilometern Länge alles, was das Shoppingherz begehrt. Ein Abstecher ins Forum des Halles (S. 20) sowie ein Besuch im trendigen Szeneviertel Marais gehören zu einem gelungenen Einkaufsbummel definitiv dazu.

* American Apparel

Ausgeflippt und absolut trendy! In Los Angeles produzierte **topaktuelle Mode** und Accessoires zu günstigen Preisen. American Apparel verkauft alles, was das Frauenherz begehrt: Klamotten von T-Shirts über Hosen und Mäntel bis hin zu Unterwäsche, Strumpfhosen, Taschen und Modeschmuck – alles knallig bunt und sehr modern.

41, Rue du Temple, 75004 Paris • Metro: Hôtel de Ville, Rambuteau • +33 1 42 74 71 03 • www.americanapparel.net • Mo–Sa 10–20, So 12–19 Uhr

* Le BHV Marais

Großes Pariser Kaufhaus, das sich selbst als **Bazar** bezeichnet. Denn sein Angebot ist umfangreich: trendige Kleidung und Taschen, Parfüm und Kosmetikprodukte, aber auch Deko- und Bastelartikel sowie Werkzeug für bekennende Handwerkerinnen. Zu Weihnachten beeindruckt das Kaufhaus durch sein großes Angebot an bezaubernden Weihnachtskugeln. Strahlende Augen garantiert!

52, Rue de Rivoli, 75004 Paris • Metro: Hôtel de Ville • +33 9 77 40 14 00 • www.bhv.fr • Mo–Sa 9.30–20, Mi–21 Uhr

* Bensimon

Bensimon ist ein sehr modern und feminin eingerichtetes Paradies für Shoppingfans. Neben angesagten, dezenten, aber auch **ausgefallenen Klamotten** in hochmodernen Farben, gibt es in diesem Store die bekannten Bensimon Sneakers in allen erdenklichen Farben. Inklusive Accessoires wie Kerzen, Kissen und andere Einrichtungsgegenstände. Die Mischung macht's!

12, Rue des Francs-Bourgeois, 75004 Paris • Metro: Saint-Paul • +331 42771618 • www.bensimon.com • Mo–Sa 11–19, So 13.30–19 Uhr

✳ Bocage

Die Boutique Bocage ist ein relativ kleiner, aber sehr **angesagter Schuhladen**. Hier gibt es aktuelle Schuhmodelle wie elegante Turnschuhe und hippe Boots in trendigen Farben für den Herbst, modische Stiefel für den Winter und bunte Ballerinas für sonnige Sommertage. Passend dazu werden coole Taschen und Gürtel angeboten. Gute Adresse für Schuhe, die nicht jeder trägt!

84–86 Rue de Rivoli, 75001 Paris • Metro: Hôtel de Ville, Châtelet • +33144543280 • www.bocage.tm.fr • Mo–Sa 9–20 Uhr

✳ Espace Kiliwatch

Eine der angesagtesten Vintage-Boutiquen der Stadt liegt nur einen Steinwurf von der ebenso trendigen Rue Montorgueil entfernt. Ein wahrer Tempel für alle Fans von **Vintage-Mode**. Mit etwas Glück findet man hier gut gepflegte Designerstücke zu relativ kleinen Preisen. Neben Secondhandkleidung vertreibt Kiliwatch auch coole Teile angesagter Jungdesigner.

64, Rue de Tiquetonne, 75002 Paris • Metro: Étienne Marcel • +331 42211737 • www.espacekiliwatch.fr • Mo 14–19.15, Di–Sa 11–19.45 Uhr

✳ Etam Lingerie

Das Magasin Etam Lingerie bietet auf großem Raum tolle, modische **Unter- und Nachtwäsche** in verschiedenen Farben und Modellen. Das Angebot ist dermaßen groß, dass hier jeder etwas

Farbenfroh und Wohlfühlambiente pur im »Bensimon«! Charmante, kleine Boutique im Marais mit trendigen Design-Accessoires für Wohnzimmer und Küche. →

für seinen Geschmack findet. Das moderne Interieur und die große Auswahl an Dessous laden zum Stöbern und ausgiebigen Probieren ein!

78, Rue de Rivoli, 75004 Paris • Metro: Hôtel de Ville • +33 57 40 63 60 • www.etam.com • Mo–Sa 10–20 Uhr

* Fleux

Fleux ist einfach genial! Selbst, wenn man nichts Bestimmtes sucht, findet man garantiert etwas Ausgefallenes für sich selbst oder ein cooles Mitbringsel für die beste Freundin. Im Fleux gibt es **Schnickschnack besonderer Art** aus den Bereichen Basteln, High-Tech, Dekoration, Accessoires und alles, was eben gerade so in Paris angesagt ist. Vorbeischauen lohnt sich!

52, Rue Sainte Croix de la Bretonnerie, 75004 Paris • Metro: Hôtel de Ville • +33 1 42 78 27 20 • www.fleux.com • Mo–Fr 10.45–19.30, Sa 10.30–20, So 14–19 Uhr

Don't miss

Die *Bouquinisten* tragen zum besonderen Charme der Pariser Uferpromenaden bei. Vom Pont Marie bis zum Quai du Louvre und vom Quai de la Tournelle bis zum Quai Voltaire bieten sie alte Bücher, Plakate und Postkarten zum Verkauf an. Stöbern lohnt sich!

* Forum des Halles

Das Forum des Halles ist ein riesiges, teils unterirdisches **Einkaufszentrum**. Über vier Etagen verteilt, laden knapp 170 Geschäfte international bekannter Modefirmen wie Zara, H&M, Benetton und Mango, aber auch kleinere, weniger bekannte Marken zum Shoppen ein.

Das Forum des Halles bietet Mode für jeden Geldbeutel und jeden Geschmack. Auch Sportartikel und Dekogeschäfte. Das Viertel abends eher meiden!

Forum des Halles • 105, Rue Berger, 75001 Paris • Metro: Les Halles, RER Châtelet-Les Halles • +33 1 44 76 96 56 • www.forumdeshalles.com • Mo–Sa 10–20 Uhr

* La Jolie Garde-Robe

Dieses Geschäft trägt nicht umsonst seinen Namen – wer auf der Suche nach **Vintage-Kleidung** und Accessoires aus den Jahren von 1900 bis 1980 in sehr gutem Zustand ist, der sollte einen Blick in diese Boutique werfen. Zur Pariser Fashion Week herrscht hier großer Andrang, ansonsten eher angenehmes Entdecken toller Klamotten aus vergangenen Zeiten. Das Schuh- und Gürtelangebot ist einfach irre, also nichts wie hin!

15, Rue Commines, 75003 Paris • Metro: Filles du Calvaire, Saint-Sébastien-Froissart • +33 1 42 72 13 90 • Di–Sa 13–19.30 Uhr

✳ Minelli

Der sehr angesagte **Schuhladen** Minelli bietet ein riesiges Angebot an Schuhen. Für diejenigen ideal, die auf der Suche nach sexy Pumps oder eleganten Stiefeln passend zur neuen Jeans oder dem frisch geshoppten Cocktailkleid sind. Minelli ist übrigens eine Kette, die in fast allen Vierteln der Stadt mit Boutiquen vertreten ist.

17, Rue du Pont Neuf, 75001 Paris • Metro: Pont Neuf • +33 1 42 36 80 40 • www.minelli.fr • Mo–Sa 10–20 Uhr

↑ *»Fleux« ist die ideale Shoppingadresse auf der Suche nach kleinen Aufmerksamkeiten und hippen Accessoires. Außergewöhnliche Neuentdeckungen garantiert!*

✳ Naf Naf

Ein wahres Shoppingparadies für Mädels. Naf Naf kreiert seit mehr als 30 Jahren **frische, junge Mode** stets mit Blick auf aktuelle Trends. Die Preise reichen von günstig bis durchschnittlich. Die Kleidungsstücke werden in einem femininen Ambiente modisch, detailverliebt und sehr ansprechend präsentiert, man fühlt sich fast wie in einem typischen Pariser Apartment.

4/6, Rue Berger, 75001 Paris • Metro: Les Halles, RER Châtelet-Les Halles • +33 1 40 39 99 48 • www.nafnaf.com • Mo–Sa 10–20 Uhr

✳ Oysho

Oysho ist Wohlfühlambiente pur! In diesem hübschen Geschäft gibt es moderne Unterwäsche und Nachtwäsche en masse. Auch wohlig warme Kleidung wie Strickjacken und große Pullover zum Hineinkuscheln für Zuhause findet man hier. Alles in aktuellen Farben und zu **günstigen Preisen**. Accessoires, modische Strümpfe für jeden Tag oder dicke Wollsocken für die kalte Jahreszeit komplettieren das breite Angebot!

74, Rue de Rivoli, 75001 Paris • Metro: Hôtel de Ville • +33 1 55 78 54 90 • www.oysho.com • Mo–Sa 10–20 Uhr

↑ *Auf der Suche nach etwas Außergewöhnlichem? Einem ganz besonderen Kleidungsstück? »Les vignoles« ist die richtige Adresse für Kleidung weit ab vom Mainstream.*

✳ See U Soon

Aktuelle Prêt-à-porter-Mode mit dem gewissen **»French Touch«**. Hier gibt es Basics und ausgefallene Teile übersichtlich angeordnet zu günstigen Preisen – für den typisch eleganten, weiblichen und modernen Stil einer waschechten Pariserin. Ob rockig, mädchenhaft oder Bohemien Style – See U Soon deckt alle aktuellen Modetrends ab!

14, Rue du Pont Neuf, 75001 Paris • Metro: Châtelet, Pont Neuf • +33 1 40 28 45 58 • www.see-u-soon.fr • Mo–Sa 10–20 Uhr

✳ Thelma

Thelma ist der Name einer ganz kleinen, süß eingerichteten **Boutique**, die sich in einer Seitenstraße des Centre Georges Pompidou (S. 12) befindet. Hier wird man auf der Suche nach trendigen Tüchern, angesagtem Haar- und Modeschmuck und hippen Kleidungsstücken fündig. Kleine Fundgrube mit wunderschönen Teilen!

2, Rue Rambuteau, 75003 Paris • Metro: Hôtel de Ville, Rambuteau • +33 1 44 61 13 40 • Mo 14–19.30, Di–Fr 11.30–19.30, Sa, So 11–19.30 Uhr

✳ Les vignoles

Ein angesagter **Concept Store** im hippen Pariser Viertel Marais. Hier findet man trendige Mode, angesagten Schmuck und schöne Accessoires wie Beutel und Anstecker mit coolen Motiven, die von jungen Pariser Modedesignern entworfen werden. Gemäß dem Konzept des Shops haben alle angebotenen Artikel einen Bezug zur Stadt Paris, deshalb tragen zum Beispiel T-Shirts und Beutel ausgefallene Pariser Motive.

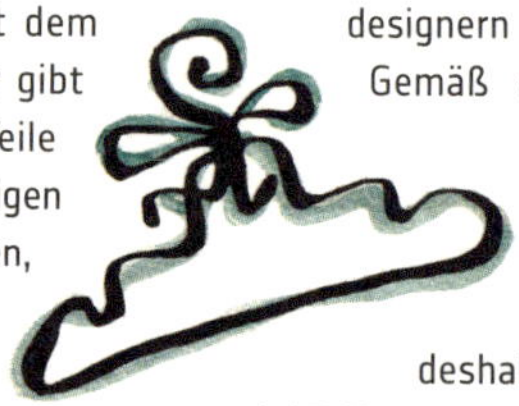

7, Rue Commines, 75003 Paris • Metro: Filles du Calvaire, Saint-Sébastien-Froissart • +33 9 51 62 93 63 • www.lesvignoles.com • Di–Sa 11–20, So, Mo 14–19 Uhr

! Wunderbares Vintage-Shopping in Paris

Paris ist die Stadt der Mode. Was aber, wenn man eher einen kleinen Geldbeutel hat und sich die Kollektionen der großen Pariser Modehäuser nicht leisten kann, trotzdem aber keine Lust hat, bei Modeketten einzukaufen? Vintage-Mode heißt da das Zauberwort und Paris ist der ideale Ort, um tolle Vintage-Kleidung aus vergangenen Jahrzehnten zu shoppen.

Auf der Website www.thevintedge.com findet man eine prima Übersicht zu den Vintage-Boutiquen in Paris. Wer Glück hat, entdeckt in den kleinen Secondhandläden der Stadt auch den einen oder anderen Schatz aus dem Hause Saint Laurent oder Chanel, dann allerdings nicht unbedingt zu Schnäppchenpreisen.

Im jüdischen Viertel Marais befinden sich einige der bekanntesten Pariser Vintage-Geschäfte wie beispielsweise die tolle Boutique La Jolie Garde-Robe (S. 20) mit Kleidung und Accessoires aus den Anfängen des 20. Jahrhunderts. Besonders beeindruckend ist die große Auswahl an Schuhen und Gürteln. In der 73, Rue de Rochechouart liegt das Geschäft Mamie (www.mamie-vintage.com), einer von drei Secondhandläden unter diesem Namen in der Stadt. Der Laden ist bis unter die Decke vollgestopft mit günstiger Mode aus zweiter Hand und bei Einheimischen wie bei Paris-Besuchern gleichermaßen beliebt.

Einer der größten Vintage-Läden von Paris befindet sich in der Rue Tiquetonne. Das Espace Kiliwatch (S. 19) bietet alles, was das Vintage-Herz begehrt und vertreibt nebenbei auch angesagte Mode von Jungdesignern. Auf der Suche nach Vintage-Mode sollte man sich die Pariser Flohmärkte am Wochenende auf keinen Fall entgehen lassen, denn dort gibt es schicke Kleidung und Accessoires, die in Geschäften sonst eher selten zu finden sind. Der Flohmarkt an der Porte de Vanves (S. 115) zum Beispiel ist nicht so teuer wie manch anderer in der Stadt und das Publikum besteht zu einem guten Teil aus Einheimischen.

Restaurants & Cafés

Restaurants gibt es in Paris wie Sand am Meer. Ob traditionelle französische Küche, asiatische, italienische oder indische Spezialitäten – Paris bietet etwas für jeden Geschmack! Auch im Pariser Stadtzentrum ist die Auswahl an guten Restaurants groß. Egal zu welcher Tages- oder Nachtzeit der Hunger kommt, irgendein Restaurant oder eine Snackbar hat immer geöffnet, manche sogar die ganze Nacht. Beachtenswert sind die preiswerten Mittagsmenüs der kleinen Brasserien. Viele Restaurants legen am Nachmittag eine Pause ein, dann kann man zwar etwas zu trinken oder ein Dessert bestellen, aber die warme Küche öffnet erst wieder gegen 18/19 Uhr. Einige Restaurants im Stadtzentrum bieten einen tollen Blick auf die Seine, andere liegen etwas versteckt abseits des hektischen Großstadtlebens.

✳ L'Avant-Première

Kleines **Eckrestaurant im Kinodesign** in der Nähe des Palais Royal. Die Bar des Restaurants ist mit Schwarzweißbildern von bekannten Kinogrößen wie Audrey Hepburn und Woody Allen plakatiert. Neben der Käseplatte, die für den kleinen Hunger zwischendurch zu empfehlen ist, gibt es auch leckere Salate und Burger, außerdem jeden Tag Brunch- und Frühstücksangebote.

9, Rue des Petits-Champs, 75001 Paris • Metro: Bourse • +33 1 83 76 19 73 • www.lavantpremiere paris.fr • Mo–Fr 7–24, Sa 8–24, So 8–20 Uhr • Hauptgericht: ab 13 €

✳ Berko

Vor dem Geschäft Berko steht fast immer eine lange Schlange. Der Grund: Hier gibt es die besten **Cupcakes** der Stadt. Einer sieht appetitlicher aus als der andere, da fällt die Entscheidung oft nicht leicht. Für Unentschlossene gibt es deshalb gleich eine Schachtel mit sechs oder neun der süßen Versuchungen zum Mitnehmen. Neben Cupcakes gibt es bei Berko auch tolle Cheesecakes, frische Salate, köstliche Quiches und Bagels.

23, Rue Rambuteau, 75004 Paris • Metro: Rambuteau • +33 1 40 29 02 44 • www.berko.fr • Di–So 11–19.30 Uhr • Hauptgericht: ab 7,80 €

✳ Bolly Nan

Bolly Nan ist ein kleines **indisches Restaurant**. Hier gilt das Motto: Man sieht, was man isst! Denn die heißen Speisen sind alle hinter einer Glaswand in Pfannen zu sehen. Sieht super aus und ist richtig lecker. Unbedingt auch Mango-Lassi und Cheese Nan probieren!

12, Rue des Petits Carreaux, 75002 Paris · Metro: Sentier · +33 1 45 08 40 51 · www.bollynan.com · Mo–Sa 10–23 Uhr · Hauptgericht: ab 8 €

✳ Café Marly

An einer der bekanntesten Sehenswürdigkeiten der Stadt, dem Musée du Louvre (S. 15), liegt das **Café** Marly in einer malerischen Umgebung. Mit direktem Blick auf das weltbekannte Museum kann man bei einem Kaffee auf der sonnigen Terrasse entspannen oder unter den hübschen Arkaden des Restaurants zu Mittag essen.

93, Rue de Rivoli, 75001 Paris · Metro: Palais Royal-Musée du Louvre · +33 1 49 26 06 60 · www.beaumarly.com · Mo–So 8–2 Uhr · Hauptgericht: ab 20 €

✳ Le café suédois

Wie der Name bereits verrät, handelt es sich bei dem Café suédois um das **schwedische Café** von Paris. Es befindet sich in einer ruhigen Seitenstraße des Marais-Viertels im Innenhof des Schwedischen Institutes. Die Terrasse lädt ein, die schwedischen, jeden Tag frischen Köstlichkeiten des Cafés an der frischen Luft zu genießen. Ein paar Schwedisch-Vokabeln gibt's gratis dazu!

11, Rue Payenne, 75003 Paris · Metro: Chemin Vert, Saint-Paul · +33 1 44 78 80 11 · www.paris.si.se/cafe-suedois-3 · Di–So 12–18 Uhr · Hauptgericht: ab 6 €

✳ Chez Joséphine

Das Tolle an diesem **französischen Restaurant** sind seine große Terrasse und die etwas versteckte Lage auf dem schönen Place du Marché Sainte-Catherine, in dessen Zentrum Brombeerbäume aus China wachsen. Bei Joséphine kann man nachmittags in der Sonne einen Espresso genießen und dazu die viel umschwärmte französische *Crème brulée à la vanille* testen.

6, Place du Marché Sainte-Catherine, 75004 Paris · Metro: Saint-Paul · +33 1 42 77 16 26 · www.chez-josephine.fr · Mo–So 10–1 Uhr · Hauptgericht: ab 15 €

✳ L'Ebouillanté

Das **Restaurant** L'Ebouillanté liegt etwas versteckt in einer ruhigen Seitenstraße abseits der Pariser Touristenströme. Die Tische der Außenterrasse befinden sich in einer kleinen Gasse, in deren Hintergrund eine imposante Kirche steht. Die Speisekarte ist recht übersichtlich, bietet aber leckere süße und deftige Speisen. Ein Sommertipp vor malerischer Kulisse!

6, Rue des Barres, 75004 Paris • Metro: Hôtel de Ville, Pont Marie, Saint-Paul • +33 1 42 74 70 52 • www.restaurant-ebouillante.fr • Mo–So 12–22 im Sommer, 12–19 Uhr im Winter • Hauptgericht: ab 10 €

L'estaminet des enfants rouges

Die Biokantine liegt recht versteckt auf dem schönen Marché des enfants rouges (S. 14). In belebter Marktatmosphäre kann man im Inneren des Restaurants oder auf seiner Terrasse mit den vielen bunten Stühlen zu Mittag essen. Für Pariser Verhältnisse bekommt man preisgünstige, gesunde Menüs bestehend aus einem Mittagsgericht, einem Café und einem Mini-Dessert. Samstag und Sonntag ein idealer Ort zum Brunchen!

39, Rue de Bretagne, 75003 Paris • Metro: Filles du Calvaire • +33 1 42 72 28 12 • www.lestaminetdesenfantsrouges.com • Di–Sa 9–20, So 9–15 Uhr • Hauptgericht: ab 8 €

Fée Nature

Eine tolle Adresse für alle, die auf ihre Gesundheit achten und sich ausschließlich von Lebensmitteln aus ökologisch kontrolliertem Anbau ernähren. Hier gibt es ausschließlich **leckere Bioprodukte**, die zudem noch glutenfrei sind. Von *Tartes salées*, über Gemüsesuppen und Gratin bis hin zu süßen Nachspeisen wie *Mousse au chocolat*.

69, Rue d'Argout, 75002 Paris • Metro: Sentier • +33 1 42 21 44 36 • www.feenature.com • Mo–Fr 12 bis 18 Uhr • Hauptgericht: ab 8 €

Le Flore en l'Ile

Das Café liegt direkt an den Seineufern der Île Saint-Louis. Die Terrasse ist stets gut gefüllt, da sich das Café nah der Kathedrale Notre-Dame (S. 14) befindet. Neben verschiedener Viennoiserie und typischen Desserts wie Profiteroles, serviert das Restaurant **leckere Crêpes** mit süßen Beilagen wie *Caramel au beurre salé* – ein Traum! Nicht verpassen!

42, Quai Orléans, 75004 Paris • Metro: Pont Marie • +33 1 43 29 88 27 • www.lefloreenlile.com • Mo–So 7–2 Uhr • Süße Crêpes: ab 6 €

Don't miss

Auf der kleinen Pariser Stadtinsel Saint-Louis gibt es bei Berthillon in der 31, Rue Saint-Louis en l'Île das beste Eis der Stadt (www.berthillon.fr). Unbedingt testen!

✳ Le Loir dans la Thêière

Ein sehr originelles und immer gut besuchtes **Café im Bohême-Stil**. Das Interieur des Cafés besteht aus alten Möbeln vom Trödelmarkt, die zusammengewürfelt ein tolles Bild ergeben. Alte Plakate aus vergangenen Zeiten machen das Ambiente perfekt. Das Café bietet ein tolles Kuchenbuffet mit der alles überragenden *Tarte au citron*. Auch bestens für Frühstück und Brunch mit Freundinnen geeignet.

3, Rue des Rosiers, 75004 Paris · Metro: Saint-Paul · +33142729061 · Mo–Fr 10–19.30, Sa, So 9.30–19.30 Uhr · Stück Kuchen: 7 €

✳ Ma Salle à Manger

Dieses kleine Restaurant befindet sich auf dem bekannten Place Dauphine auf der Île de la Cité. Die Küche setzt auf frisch zubereitete **Spezialitäten aus dem Südwesten Frankreichs**. Neben dem schönen rustikalen Interieur mit baskischer Note besitzt das Restaurant auch eine kleine Terrasse direkt am romantischen Place Dauphine. Ein idealer Ort um typisch Französisches wie zum Beispiel Schnecken zu probieren!

26, Place Dauphine, 75001 Paris · Metro: Pont Neuf · +33143295234 · www.masalleamanger.com · Mo–So 10–22 Uhr · Hauptgericht: ab 15 €

✳ Le Pain Quotidien

Das **Biorestaurant** besitzt eine im Winter beheizte Außenterrasse sowie über zwei Etagen verteilt viel Platz für Leckermäuler. Im Restaurant steht ein großer, langer Holztisch, an dem man gemeinsam mit anderen Gästen isst. Das Ambiente ist entspannt, die Biospeisen sind frisch und gesund dazu. Unbedingt eines der leckeren Frühstückmenüs oder den Brunch testen!

5, Rue Des Petits-Champs, 75001 Paris · Metro: Palais-Royal-Musée du Louvre · +33142601524 · www.lepainquotidien.fr · Mo–So 8–20 Uhr · Hauptgericht: ab 15 €

Hübsche, kleine Terrasse mit bunten Stühlen abseits des Großstadttrubels, ideal für ein ruhiges Mittagessen oder einen Café am Nachmittag auf der Pariser Stadtinsel. →

Pamela Popo

Hipp, stylish und sehr gemütlich – das sind drei Adjektive, die das **Restaurant** sehr gut beschreiben. Auf zwei unterschiedlich eingerichteten Etagen bietet das Lokal in einem entspannten Wohlfühlambiente gute Speisen an. Im Obergeschoss fühlt man sich wie in einem hübsch eingerichteten Wohnzimmer mit großer Bibliothek.

15, Rue François Miron, 75004 Paris · Metro: Hôtel de Ville, Saint Paul · +33 1 42 74 14 65 · www.pamelapopo.fr · Mo–Do 12–14.30, 20–23, Fr 12–14.30, 20–23.30, Sa 13–15.30, 20–23.30, So 13–16, 20–23.30 Uhr · Hauptgericht: ab 21 €

Le Pick-Clops

Im historischen Stadtteil Marais liegt die ausgesprochen gut besuchte **Kneipe** Le Pick-Clops, die sich prima für einen Drink unter Freunden inklusive Abendessen eignet. Bei schönem Wetter kann man an den gelben Tischen der Terrasse Platz nehmen und das herrliche Wetter in vollen Zügen genießen.

16, Rue Vieille du Temple, 75004 Paris · Metro: Hôtel de Ville, Saint-Paul · +33 1 40 29 02 18 · Mo–Sa 8–2, So 9.30–24 Uhr · Hauptgericht: ab 12 €

La Terrasse de Pomone

Das **idyllische Außenrestaurant** befindet sich direkt im Jardin des Tuileries (S. 14), versteckt unter den großen Bäumen des Gartens. Es besitzt keine Innenräume, sondern nur eine große Terrasse, die zu einem Zwischenstopp mit einem köstlichen Café crème im Sonnenschein einlädt. Zum Kaffee sind die warmen Waffeln mit Puderzucker sehr zu empfehlen.

Jardin des Tuileries, 75001 Paris · +33 1 42 61 22 14 · Metro: Tuileries · www.terrassedepomone.fr · April–Okt. während der Park-Öffnungszeiten · Hauptgericht: ab 15 €

Universita della Pizza

Wie der Name des italienischen Restaurants schon sagt, wurde die **Pizzakunst** hier genauestens unter die Lupe genommen. Das Restaurant bietet neben einigen sonnigen Terrassenplätzen ein modernes Innendesign mit zahlreichen stylishen Sitzmöglichkeiten. Die Pizzen, die auf Schiefertafeln serviert werden, sind unglaublich lecker! Eine sehr gute Adresse für alle, denen typisch französisches Essen etwas zu außergewöhnlich ist!

37, Rue Berger, 75001 Paris · Metro: Les Halles, RER Châtelet-Les Halles · +33 1 40 26 26 66 · Mo–Fr 12–14.30, Mo–Sa 19–23, So 12–22 Uhr · Hauptgericht: ab 10 €

Ob lecker essen im Grünen oder in stylishem Ambiente - den Wohlfühlfaktor wird man weder im »La Terrasse de Pomone« noch im »Pamela Popo« vermissen.

Wellness

Paris zu Fuß zu erkunden, ist die beste Möglichkeit, um neben den bekanntesten Sehenswürdigkeiten auch weniger bekannte Ecken der Stadt zu entdecken. Gerade im Zentrum eignen sich die beiden Stadtinseln sowie das Marais-Viertel für ausgiebige Stadtspaziergänge, bei denen man auf nette Cafés, versteckte, kleine Plätze und malerische Straßenzüge trifft. Nach einem ganzen Tag Stadterkundung qualmen die Füße und Entspannung ist dringend nötig. Sollte ein Zwischenstopp auf einer Pariser Caféterrasse zur Erholung nicht mehr ausreichen, können Paris-Besucher eines der zahlreichen Wellnessangebote der Stadt wahrnehmen. Denn Entspannung ist das richtige, um Kraft für den nächsten, aufregenden Tag in Paris zu tanken!

* L'Arbre à sens

Das schöne **Spa mit Wohlfühlambiente** liegt nur einen Katzensprung vom Louvre (S. 15) entfernt. Der Empfangstresen besteht aus einer riesigen Wurzel aus Palisanderholz, die großen Holztüren stammen aus Indien und die Buddha-Statue aus Thailand. Angeboten werden verschiedene Massage- und Gesichtsanwendungen. Sehr zu empfehlen ist das Hamam des Spas.

4, Rue Montesquieu, 75001 Paris • Metro: Palais Royal-Musée du Louvre, Louvre-Rivoli • +33 1 40 15 92 80 • www.arbreasens.fr • Di–Sa 10.30–20, So 12–20 Uhr • Hamam-Besuch: 28 €

Don't miss

Jeden Sonntag sind die Uferstraßen der Seine ab 9 Uhr zwischen dem Place de la Concorde und der Bastille für Autofahrer gesperrt. Freie Fahrt für Skater, Fahrradfahrer und ideal zum Spazierengehen!

* Les Bains du Marais

Les Bains du Marais ist eine tolle Adresse für ein paar ruhige, entspannte Momente im **orientalischen Hamam** und in der Sauna. Bademantel, Handtücher und Badelatschen sind in den 35 Euro, die für einen Aufenthalt im Hamam, der Sauna und im Ruheraum berechnet werden, bereits enthalten. Außerdem bietet das Spa Peelings, Körper- und Gesichtsanwendungen sowie Enthaarungen mit orientalischem Wachs an.

33, Rue des Blancs-Manteaux, 75004 Paris • Metro: Hôtel de Ville, Rambuteau • +33 1 44 61 02 02 • www.lesbainsdumarais.fr • Frauentag: Mo 10 bis 20, gemischt: Di 10–23, Mi 10–19 Uhr

✳ École des Spas et Instituts

In der Ausbildungsstätte für zukünftige professionelle Masseure hat man die Möglichkeit, allein oder zu zweit eine **entspannende Massage** zu genießen. Und so geht's: Anrufen, reservieren und online zahlen. Die Massagetechnik wird bei der Reservierung bekanntgegeben. Die Preise sind im Vergleich zu anderen Spas in Paris sehr niedrig.

24, Rue de Montmorency, 75003 Paris • Metro: Rambuteau • +33 1 42 88 78 68 • www.esi-paris.com/le-spa-des-eleves • Mo–Sa 12.15 bis 21.30 Uhr • Rückenmassage: 35 €

✳ Le Spa Dans le noir

Dans le noir ist das erste Spa in Paris, das von einem Blinden eröffnet wurde. In Asien werden viele bekannte Massagesalons von Blinden geführt, da man ihnen einen ganz besonderen Tastsinn nachsagt. Alle Anwendungen werden **im Dunkeln** durchgeführt, daher auch der Name des Spa. Happy Hour von Montag bis Freitag von 13.30 bis 17 Uhr, dann gibt es Massagen und einen Besuch im Hamam zum halben Preis.

65, Rue Montmartre, 75002 Paris • Metro: Sentier • +33 1 83 95 46 77 • www.lespadanslenoir.com • Di–Sa 12–20, Do bis 21 Uhr • Fußmassage: 37 €

✳ Toni & Guy Academy

Noch nie kostenlos beim **Friseur** gewesen? Dann nutzt euren Urlaub in Paris und lasst euch in der Toni & Guy Academy eine neue Frisur verpassen, ganz kostenlos. Da es sich um eine Ausbildungsstätte der bekannten Friseurkette handelt, dauert der Friseurbesuch länger als sonst: Die Auszubildenden fragen häufig nach, bevor sie loslegen. Unbedingt vorher reservieren!

1, Place André Malraux, 75001 Paris • Metro: Palais Royal-Musée du Louvre • +33 1 40 20 15 93 • www.toniandguyacademy.fr • Mo–Sa 10–20 Uhr

✳ Vesna Nail Bar & Beauty

Für den perfekten Abend braucht man perfekte Nägel! Der Beautysalon Vesna Nail Bar bietet angenehme **Maniküre und Pediküre** an. Wer sich nicht entscheiden mag, kann beides zusammen buchen und in einem entspannenden Massagesessel Fuß- und Nagelpflege genießen. Wer seine Nägel individualisieren lassen möchte, ist hier richtig!

58, Rue de Turenne, 75003 Paris • Metro: Saint-Sébastien-Froissart • +33 1 42 78 12 58 • www.vesna.fr • Mo–Sa 10–22 Uhr • Maniküre: 35 €

Ausgehen

Im Pariser Stadtzentrum gibt es hippe Bars und coole Diskotheken en masse, eine ausgefallener und angesagter als die andere. Durch die Nähe zur Seine bieten einige Locations einen tollen Blick auf die Stadt, andere liegen mitten im angesagten Marais-Viertel oder bestechen durch ihr fetziges Innendesign. Einige der hier genannten Ausgehtipps sind vor allem für ihre ausgelassene Stimmung bis in die frühen Morgenstunden bekannt. Um möglichst viel von dem riesigen Angebot an Ausgehmöglichkeiten im Zentrum kennenzulernen, empfiehlt es sich, den Abend wie die Einheimischen zu verbringen: Erst etwas essen gehen, dann auf einen Drink in eine Bar, bevor man die Nacht in einem der angesagten Clubs der Stadt ausklingen lässt.

* Andy Wahloo

Eine Hommage an Andy Warhol, den bekannten Pop-Art-Künstler. Die kleine, **trendige Bar mit kitschiger Deko** in marokkanischem Stil bietet eine große Auswahl an exotischen Cocktails an. Diese sind vor allem zur Happy Hour für Pariser Verhältnisse sehr günstig. Von Mittwoch bis Samstag legen DJs auf. Gleich nebenan liegen die Restaurants 404 und Derrière, beide sind sehr empfehlenswert!

69, Rue des Gravilliers, 75003 Paris · Metro: Arts et Métiers · +33 1 42 71 20 38 · www.andywahloo-bar.com · Di–Sa 19–1.45 Uhr

* Le baiser salé

In dem berühmten **Jazzclub** im Pariser Stadtzentrum haben einige französische, aber auch internationale Jazzmusiker ihre erste Bühnenerfahrung gesammelt. Die Bar des Clubs ist bis in die frühen Morgenstunden geöffnet und versprüht nordafrikanisches Flair. Neben Jazzmusik wird an manchen Abenden zur Abwechslung auch Pop und Rock gespielt.

58, Rue des Lombards, 75001 Paris · Metro: Châtelet, Les Halles · +33 1 42 33 37 71 · www.lebaisersale.com · Mo–So 17–6 Uhr · Eintritt: ab 14 €

* Le Barav

Schöne Weinbar zwischen den Metrostationen Oberkampf und République mit coolem Konzept. Die Weine in ganz unterschiedlichen Preislagen können im Weinkeller nebenan gekauft und auf der ruhig gelegenen kleinen Terrasse oder im Inneren der **Weinbar** getrunken werden. Hierfür werden 5 Euro berechnet. Die Platten mit leckeren Wurst- oder Käsespezialitäten zählen zu den besten der Stadt.

6, Rue Charles François Dupuis, 75003 Paris • Metro: Oberkampf, Rēpublique • +33 1 48 04 57 59 • www.lebarav.fr • Mo–Fr 12–15, Di–Sa 18–0.30 Uhr

Cafē La Perle

Sehr gut besuchte **Bar im Seventies Style**. Die Deko und das Innendesign stehen hier definitiv nicht im Mittelpunkt, dennoch wurde das Cafē La Perle zum »place to be« der Pariser Fashionistas erklärt. Egal zu welcher Tages- oder Nachtzeit, es ist immer so voll, dass man mit seinem Glas in der Hand meist draußen auf den Gehwegen inmitten vieler cooler Leute steht.

78, Rue Vieille du Temple, 75003 Paris • Metro: Saint-Sēbastien-Froissart • +33 1 42 72 69 93 • www.cafelaperle.com Mo–So 7–1 Uhr

Candelaria

Das Candelaria ist zum einen eine Taqueria, in der man leckere mexikanische Tacos testen kann. Zum anderen befindet sich versteckt hinter einer kleinen Tür eine **angesagte Cocktailbar**, in der zwei New Yorker und eine Kolumbianerin flippige Cocktails wie den »Santa Margarita« oder den »Love by the moon« mixen. Sehr empfehlenswert!

↑ *»Andy Walhoo« ist marokkanisches Flair und orientalische Musik gepaart mit dem berühmten Pop-Art-Stil. Ein außergewöhnlicher Stilmix mitten in Paris!*

52, Rue de Saintonge, 75003 Paris • Metro: Filles du Calvaire, Saint-Sēbastien-Froissart • +33 1 42 74 41 28 • www.candelariaparis.com • Mo–Mi 12.30–23, Do–Sa, 12.30–24, So 12.30–23 Uhr

Dernier Bar avant la fin du monde

Die letzte **Bar vor dem Ende der Welt**, so ihr Name, führt ihre Gäste bis zu drei Etagen in die Tiefe. Jede Ebene hat ihr eigenes Thema und bietet neben kleinen Snacks ausgefallene Cocktails und Getränke mit futuristischen Namen an. Diese Bar ist schlichtweg einzigartig und abgefahren zugleich, Fans von Star Wars, Piraten und Indiana Jones kommen hier voll und ganz auf ihre Kosten!

19, Avenue Victoria, 75001 Paris • Metro: Châtelet • +33 1 53 00 98 95 • www.dernierbar.com • Mo–So 10–1 Uhr

* Kong Bar

Die Kong Bar, die sich in der letzten Etage des Kenzo-Gebäudes in Paris befindet, bietet eine Wahnsinnsaussicht auf die Seine. Sie wurde von dem Designer Philippe Starck eingerichtet, der in Paris schon einige andere Bars und Restaurants mit coolen Designs versehen hat. In der Kong **Bar** wurde übrigens eine sehr bekannte Szene aus »Sex and the City« gedreht. In der oberen Etage befindet sich das gleichnamige Restaurant.

1, Rue du Pont Neuf, 75001 Paris • Metro: Pont Neuf • +33 1 40 39 09 00 • www.kong.fr • Mo–So 12.15–23.30, Fr und Sa bis 0.30 Uhr

* Le Mary Celeste

Die Bar ist nach einem mysteriösen Geisterschiff benannt, welches im Jahre 1872 unbemannt und verlassen auf dem Atlantik segelte und dadurch zu vielen natürlichen und übernatürlichen Spekulationen anregte. Heute ist das Mary Celeste ein tolles Restaurant und **hippe Bar** in einem. Serviert werden frische Austern zur Happy Oyster Hour, aber auch andere leckere Fisch- und Fleischgerichte sowie ausgefallene Cocktails.

1, Rue Commines, 75003 Paris • Metro: Saint-Sēbastien-Froissart • www.lemaryceleste.com • Mo–So 18–2 Uhr

* Little Red Door

Geht man durch die kleine rote Tür, steht man mitten in einem **angesagten Loft** aus Backsteinwänden, in dem DJs für eine ausgelassene Stimmung sorgen. Die Bar ist gut besucht und sehr bekannt für ihre außergewöhlichen Cocktails. »Keep your eyes open«, denn die Tür ist leicht zu übersehen. Vor allem die coolen Konzerte hinter der kleinen roten Tür sind sehr zu empfehlen!

60, Rue Charlot, 75003 Paris • Metro: Filles du Calvaire • +33 1 42 71 19 32 • www.lrdparis.com • Mo–So 18–2 Uhr

Don't miss

Jedes Jahr am 21. Juni wird Paris zu einer großen Open-Air-Party-Zone. Zur Fête de la Musique (www.fetedelamusique.culture.fr) finden zahlreiche Musikevents in Bars und Kneipen sowie in den Straßen von Paris statt. Super Stimmung!

✳ Maria Loca

Das Maria Loca wurde von vier Abenteurern gegründet, die schon in kleinen und großen Bars auf der ganzen Welt gearbeitet, ihre Zelte aber mittlerweile wieder in Paris aufgeschlagen haben. Tagsüber ist das Maria Loca ein typisches Pariser Bistro, welches am Abend zu einer **Cocktailbar** mutiert. Viele der exotischen Cocktails sind von den Reisen der Jungs inspiriert!

31, Boulevard Henri IV, 75004 Paris • Metro: Bastille • +33 1 42 77 51 95 • www.marialoca.com • Mo–Fr 11–2, Sa 17–2 Uhr

✳ O'Sullivans

Einer der größten **irischen Pubs** in Paris befindet sich mitten auf den Grands Boulevards. Ein Besuch eignet sich prima für preisgünstige Cocktails zur Happy Hour. Auf der Karte stehen außerdem kleine Snacks, Salate, Fingerfood und eine recht große Auswahl an Burgern. Der Rex Club (S. 35) für die anschließende Partynacht ist nur ein paar Gehminuten entfernt!

1, Boulevard Montmartre, 75002 Paris • Metro: Grands Boulevards • +33 1 40 26 73 41 • www.osullivans-pubs.com • Mo–Mi 12–3, Do 12–4, Fr–Sa 15.30–4, So 15.30–3 Uhr

Wer sich nicht für einen Cocktail à la carte entscheiden kann, kann sich vom Barkeeper einen Drink individuell mixen lassen. →

✳ Rex Club

Eine wahre Institution in der Pariser **Elektro-Szene** und Geburtsort des berühmten französischen Duos »DAFT PUNK«. Eigentlich ist das Rex ein berühmtes Lichtspielhaus in Paris. Um 23 Uhr aber öffnet der Seiteneingang des Kinos und der Rex Club beginnt zu beben. Die House- und Technomusik tönt dann aus einem der zweifellos besten Soundsysteme der Stadt.

5, Boulevard Poissonnière, 75002 Paris • Metro: Bonne Nouvelle, Grands Boulevards • Tel. +33 1 42 36 10 96 • www.rexclub.com • Do–Sa 23.30 bis 7 Uhr • Eintritt: 8–25 €

↑ *Absoluter Hot Spot im Marais: Das »Mary Celeste« bietet klasse Cocktails zu typischen Pariser Preisen zwischen 12 und 13 Euro.*

✳ Sherry Butt

Trendig **designte Bar** im Marais mit dunklen Ledersofas, Spiegeln und gedämpftem Licht. Die Cocktailkarte beschränkt sich auf elf Cocktails, die teilweise mit hausgemachten Sirupsorten verfeinert werden. Wirklich lecker und empfehlenswert! Am Wochenende finden im Sherry Butt Live-Auftritte bekannter DJs statt.

20, Rue Beautreillis, 75004 Paris · Metro: Bastille, Saint-Paul · Tel. +33 9 83 38 47 80 · www.sherrybuttparis.com · Di–Sa 18–2, So–Mo 20–2 Uhr

✳ Social Club

Nicht weit vom bekannten Rex Club entfernt, liegt der Social Club, der in einer gemütlichen Clubatmosphäre Platz für etwa 200 Personen bietet. Die Location ist unter Fans von **Elektrosound** für ihre Top-Acts sehr bekannt. Der Social Club veranstaltet DJ-Sessions, Konzerte und Aftershow-Partys. Von Pariser Underground Groups bis hin zu bekannten Größen der internationalen Elektroszene ist hier alles vertreten.

142, Rue Montmartre, 75002 Paris · Metro: Bourse, Grands Boulevards · +33 6 84 80 99 40 · www.parissocialclub.com · Mi–Sa 23–5 Uhr · Eintritt: frei oder ab 15 € je nach Event

✳ La Trinquette

Kleine, **coole Weinbar** im Marais mit Weinen aus der französischen Region Languedoc. Die alten großen Holzfässer wurden zu Stehtischen umfunktioniert. Die Bar und ein paar Tische bieten Weinliebhabern Platz zum Sitzen. Die Weine tragen teilweise lustige Namen wie »Klatsch und Tratsch unter Mädels«. Gute Weine kosten pro Flasche knapp 20 Euro.

67, Rue des Gravilliers, 75003 Paris · Metro: Arts et Métiers · +33 9 52 07 80 60 · Mo–Mi 19–24, Do–Sa 19–2 Uhr

Die Stadt, die niemals schläft

Paris ist neben der Modemetropole, der Stadt der Liebe und der tausend Lichter auch eine absolute Partyhochburg. Jeden Tag der Woche finden heiße Partys, Konzerte angesagter Musiker und kleinere Bandauftritte in urigen Bars, bekannten Konzerthallen oder großen Stadien statt.

Oft stellt sich die Frage, wie man nach der langen Partynacht wieder nach Hause kommt. Die öffentlichen Verkehrsmittel fahren unter der Woche nur bis kurz vor 1 Uhr, am Wochenende eine Stunde länger. So komisch es auch klingen mag, nachts fährt in der Millionenmetropole Paris keine Metro.

Wer nicht gerade neben der Partylocation wohnt, hat drei Möglichkeiten. Man nimmt sich ein Taxi, was allerdings nicht immer reibungslos klappt, denn Taxis gibt es in Paris nicht gerade viele und der Nachttarif ist hoch. Die Alternative heißt dann Vélib (www.velib.paris.fr). Die öffentlichen Fahrräder können bequem per Kreditkarte an fast 1800 Stationen ausgeliehen werden. Die dritte Möglichkeit lautet durchmachen bis in die frühen Morgenstunden, bis die Pariser Metro ihren Tagesbetrieb kurz vor 6 Uhr wieder aufnimmt.

Neben Bars, Clubs und Diskotheken gibt es im Sommer weitere Locations, die Partypeople magisch anziehen. Am Canal Saint-Martin, auf den Champs de Mars oder an den Ufern der Seine herrscht zwar keine Clubatmosphäre, aber die abendliche Stimmung am Eiffelturm (S. 81) oder direkt am Wasser ist ausgelassen, entspannt und alles andere als distanziert. Hier ist es viel leichter, Einheimische kennenzulernen. Der erste Kontakt ist schnell hergestellt. Meist kommt er zustande, weil man einen Korkenzieher für die Weinflasche sucht oder die Becher für die Getränke nicht ausreichen. Bekanntschaften mit netten Franzosen garantiert!

Übernachten

Wer vor allem das Zentrum von Paris besichtigen, abends eines der zahlreichen Pariser Restaurants besuchen und anschließend vielleicht noch Ausgehen möchte, der sollte sich ein Hotel im lebhaften Stadtzentrum von Paris suchen. Selbst wenn die Partynacht etwas länger dauert als geplant, ist man nicht auf die öffentlichen Verkehrsmittel angewiesen und kann sein Hotel ohne Probleme zu Fuß oder per Vélib erreichen. Der Vorteil eines Hotels in der Innenstadt ist, dass sich viele Sehenswürdigkeiten in unmittelbarer Nähe befinden, ein großes Angebot an Restaurants, Bars und Ausgehmöglichkeiten direkt vor der Tür liegt und sich die Kosten für die Nutzung der öffentlichen Verkehrsmittel in Grenzen halten.

* Auberge BVJ Paris Louvre

Für den kleinen Geldbeutel geeignet! Die **Jugendherberge** mit 200 Betten liegt mitten im Herzen von Paris und ist somit ein idealer Ausgangspunkt für tolle Entdeckungstouren durch die Stadt. Das Frühstück ist bereits im Zimmerpreis enthalten, Handtücher allerdings muss man selbst mitbringen. Reservieren kann man bis spätestens zwei Wochen vor Ankunft über die Internetseite der Jugendherberge.

20, Rue Jean-Jacques Rousseau, 75001 Paris • Metro: Les Halles, Louvre-Rivoli, Palais Royal-Musée du Louvre • +33 1 53 00 90 90 • www.bvjhotel.com • DZ: 35 € pro Person, Schlafsaal mit 3 bis 10 Betten: 30 € pro Person

* Best Western Hôtel Gaillon Opéra

Im Viertel der Pariser Opéra Garnier gelegen, stellt das Best Western Gaillon Opéra einen **optimalen Ausgangspunkt** für ausgiebige Entdeckungstouren durch Paris dar. Das Hotel im Best-Western-Standard besitzt 26 Zimmer für zwei bis vier Personen sowie ein kostenloses WLAN-Netz. Das Personal ist nett und hilfsbereit. Das Frühstücksbuffet kostet 13 Euro pro Person.

9, Rue Gaillon, 75002 Paris • Metro: Opéra, Pyramides, Quatre-Septembre • +33 1 47 42 47 74 • www.hotel-paris-gaillon-opera.com • DZ: ab 123 €

✳ Hôtel Crayon

Sehr zentral gelegenes Hotel in der Nähe des Musée du Louvre (S. 15). Zahlreiche Einkaufsmöglichkeiten und Restaurants befinden sich in der nahen Umgebung. Das **Designhotel** besitzt 26 ausgefallen gestaltete, kleine Zimmer mit eigenem Bad. Im Frühstücksraum wird den Hotelgästen jeden Morgen ein leckeres Buffet für 12 Euro pro Person serviert.

25, Rue du Bouloi, 75001 Paris · Metro: Les Halles, Louvre-Rivoli, Palais Royal-Musée du Louvre · +33 1 42 36 54 19 · www.hotelcrayon.com · DZ: ab 118 €

✳ Hôtel des Deux-Iles

Das Hotel besitzt nur 17 für Pariser Verhältnisse **relativ große Zimmer**, die schlicht, aber elegant dekoriert sind. Die Lage des Hotels ist einmalig. Es befindet sich direkt auf der kleinen Pariser Stadtinsel Île Saint-Louis. Das Frühstücksbuffet für 13 Euro pro Gast wird in einem alten Gewölbekeller serviert. Die Nutzung des WLAN-Netzes ist kostenlos.

59, Rue Saint-Louis en l'Île, 75004 Paris · Metro: Pont Marie · +33 1 43 26 13 35 · www.deuxiles-paris-hotel.com · DZ: ab 225 €

✳ Hôtel Daunou Opéra

Nur zwei Gehminuten von der Opéra Garnier entfernt. Das Drei-Sterne-Hotel verfügt über 50 modern eingerichtete Zimmer für ein bis drei Personen, kostenloses WLAN sowie ein reichhaltiges Frühstücksbuffet für über dem Durchschnitt liegende 18 Euro. Die **zentrale Lage** des Hotels ermöglicht es, viele Sehenswürdigkeiten zu Fuß zu erreichen.

6, Rue Daunou, 75002 Paris · Metro: Opéra, Pyramides · +33 1 42 61 57 82 · www.daunou-opera.com · DZ: ab 208 €

Kunst ist in Paris an vielen Straßenecken zu finden. Dieses Foto zeigt eine außergewöhnlich gestaltete Laterne mit einer eleganten Frauenstatue an der Opéra Garnier. →

↑ *Zu Beginn als Käseglocke und Gewächshaus verspottet, zählt die Pyramide des Louvre heute zu den bekanntesten Schnappschüssen der Stadt.*

✳ Hôtel Icône

Ein schönes, zentral gelegenes **Drei-Sterne-Hotel** nahe des Pariser Auktionshauses Drouot. Für Cineasten ist es genau die richtige Adresse: Von Kino-Ikonen inspiriert, ist jedes der 30 kleinen Hotelzimmer sehr individuell und modern eingerichtet. Ein leichtes Frühstück kann gegen einen Aufpreis von 12 Euro pro Person dazu gebucht werden, das WLAN ist kostenlos nutzbar. Großer Pluspunkt ist der hoteleigene Fahrradverleih.

4, Rue Amboise, 75002 Paris • Metro: Richelieu-Drouot • +33 1 42 97 56 26 • www.hotelicone.com • DZ: ab 156 €

✳ Hôtel Jeanne d'Arc le Marais

Das Hotel mit seinen liebevoll eingerichteten, paristypisch kleinen Zimmern liegt **mitten im Marais** in einer ruhigen Seitenstraße des Viertels, nicht weit von der Kathedrale Notre-Dame (S. 14) entfernt. In seiner Nähe befinden sich zahlreiche Cafés, Restaurants und Bars. Das Hotel bietet seinen Gästen morgens ein günstiges, typisch französisches Frühstück für nur 8 Euro an.

3, Rue de Jarente, 75004 Paris • Metro: Saint-Paul • +33 1 48 87 62 11 • www.hoteljeannedarc.com • DZ: ab 81 €

✳ Hôtel Louvre Marsollier Opéra

Zwischen dem Musée du Louvre (S. 15) und der Opéra Garnier im Herzen von Paris gelegen, verfügt dieses **zentrale Drei-Sterne-Hotel** über 28 Doppel- und Dreibettzimmer, deren Größe dem Pariser Standardzimmer entspricht. Ein kleiner Aufzug für maximal zwei Personen und kostenloses WLAN sind im gesamten Hotel verfügbar. Frühstück gibt es für 13 Euro extra.

13, Rue Marsollier, 75002 Paris • Metro: Opéra, Pyramides, Quatre-Septembre • +33 1 42 96 68 14 • www.hotellouvre marsollier.com • DZ: ab 99 € / Dreibettzimmer: ab 150 €

✳ Hôtel Du Vieux Saule

Das **kleine Drei-Sterne-Hotel** verfügt über 28 Zimmer und liegt oberhalb des Marais-Viertels nicht weit von Quartier Rēpublique entfernt. Das Hotel bietet ein Frühstücksbuffet für 12 Euro pro Person sowie Parkplätze gegen vorherige Reservierung und ein Entgelt an. Es gibt eine hoteleigene Sauna und das WLAN kann kostenlos genutzt werden.

6, Rue de Picardie, 75003 Paris · Metro: Filles du Calvaire · +33 1 42 72 01 14 · www.hotelvieuxsaule.com · DZ: ab 125 €

✳ Hôtel Volney Opēra

Super Lage an der Opēra Garnier und nur ein paar Gehminuten von den Galeries Lafayette (S. 53) entfernt, daher ideal für Shoppingtouren durch das Pariser Stadtzentrum geeignet. Das **Boutiquehotel** besitzt 29 kleine Zimmer mit eigenem Bad, teils sogar mit Balkon, und bietet seinen Gästen kostenloses WLAN sowie jeden Morgen ein Frühstücksbuffet für 13 Euro pro Person.

11, Rue Volney, 75002 Paris · Metro: Opēra · +33 1 42 61 85 24 · www.hotelvolney.com · DZ: ab 85 €

✳ Paris France Hotel

Das **Zwei-Sterne-Hotel** liegt direkt an einer Metrostation, sodass die Anbindung an die öffentlichen Verkehrsmittel optimal ist. Die 46 Zwei- und Dreibettzimmer sind nett eingerichtet, wie für Hotelzimmer in Paris typisch, jedoch sehr klein. Gutes Preis-Leistungsverhältnis, kostenfreies WLAN inklusive.

72, Rue de Turbigo, 75003 Paris · Metro: Arts et Mētier, Rēpublique · +33 1 42 78 00 04 · www.paris-france-hotel.com · DZ: ab 109 €

✳ Timhotel Palais Royal le Louvre

Das Timhotel liegt direkt **am Palais Royal**, nicht weit vom Louvre (S. 15) entfernt. Es verfügt über 46 Einzel- und Doppelzimmer, die alle schlicht, aber geschmackvoll eingerichtet sind. Im Zimmer steht ein Tee- und Kaffeekocher und eine Klimaanlage für heiße Sommertage ist auch vorhanden. Kontinentales Frühstücksbuffet wird für 13 Euro pro Person angeboten.

3, Rue de la Banque, 75002 Paris · Metro: Bourse · +33 1 42 61 53 90 · www.timhotel.com · DZ: ab 129 €

Der Norden

Shopping, Ausgehen und Sightseeing en masse auf der Rive droite, den Grands Boulevards und am Canal Saint-Martin. Mit Charme und Flair in Montmartre

Als Rive droite wird der Stadtteil von Paris bezeichnet, der oberhalb der Seine liegt. Den Einheimischen zufolge spielt sich das Leben in Paris vor allem auf dieser Seineseite ab. Im Vergleich zur Rive gauche, dem südlichen Pariser Stadtteil unterhalb der Seine, ist sie belebter und weniger durch Wohn- und Villenkomplexe geprägt. Shoppingfans, Partygänger und Kulturbegeisterte sind auf der Rive droite genau richtig.

Die Grands Boulevards, die sich in diesem Teil der Stadt befinden, sind für ihre großen Luxuskaufhäuser wie die berühmten Galeries Lafayette (S. 53) und das Printemps bekannt, aber auch für die vielen internationalen Marken, die sich in den belebten Straßen des Viertels eng aneinanderreihen. Die Grands Boulevards sind Mitte des 19. Jahrhunderts während der städtebaulichen Maßnahmen von Baron Haussmann als Sichtachsen im Stadtbild entstanden. Heute zeugen die Haussmann'schen Fassaden der Gebäude mit ihren typisch französischen Balkonen von den damaligen Modernisierungsbestrebungen.

Auf den Grands Boulevards liegen zahlreiche Restaurants, Bars und Clubs, die jeden Tag sehr gut besucht sind. Cineasten haben die Möglichkeit, in einem der zahlreichen Kinos, aktuelle Filme in Originalsprache zu schauen. Weniger bekannt, aber sehr sehenswert, sind die überdachten, versteckten Passagen der Grands Boulevards, die man als Tourist nur selten durch Zufall entdeckt.

Im Norden der Stadt liegt das bekannte Künstlerviertel Montmartre. Es lädt zu ausgiebigen Spaziergängen auf den Spuren bekannter Künstler ein. Auf Entdeckungstouren durch Montmartre kann man im Café des Deux Moulins (S. 59) aus dem Film »Die fabelhafte Welt der Amelie« eine leckere Crème brulée probieren, sich auf dem Place du Tertre (S. 50) von einem Porträtisten malen lassen und einen beeindruckenden Blick von den Stufen vor Sacré-Cœur (S. 50) über die Stadt genießen.

Montmartre Cemetery
Caulaincourt Square Hostel
Lamarck Caulaincourt
Clos Montmartre
Musée de Montmartre
La maison rose
Le Prohibido
Place du Tertre
Pl. du Tertre
Sacré-Cœur
L'Eté en Pente Douce
Hotel des Arts
Hotel 29 Lepic Paris
Le Relais de la Butte
La Balançoire
Café des Deux Moulins
La Machine du Moulin Rouge
Beauty Monop'
Mur des je t'aime
Mademoiselle Bambu
Le Café du Commerce
Abbesses
Moulin Rouge
Tudo Bom?
Princesse Tam Tam
La Case de Cousin Paul
Blanche
Pl. de Clichy
Pl. Blanche
Libertel Montmartre Duperre
Antoine et Lili
Jagh Paris
Anvers
Le Grey Hôtel
Pigalle
La Cigale
Pl. Pigalle
Pl. d'Anvers
Le béguin
Musée de la Vie romantique
Dirty Dick
Bus Palladium
Cité Pigalle
L'Affineur Affiné
Rose Bakery
Cité Condorcet
St Georges
Pl. St Georges
Hotel Arvor
Jeff de Bruges
Kärameli
Casino de Paris
Sq. de Montholon
Les Plumes Hotel
Body'Minute
Pl. d'Estienne d'Orves
Trinité
N. D. de Lorette
Pl. Kossuth
Cadet
Cafe le baron
Passage du Havre
Le Peletier
Les Pates Vivantes
B58
Le stube
Passage Verdeau
Folies Bergère
Etam
Cité d'Antin
Galeries Lafayette
NUXE
Havre Caumartin
Brontibay
United Colors of Benetton
Chaussée d'Antin
Pl. Diaghilev
Opéra Garnier
Uniqlo
Passage Jouffroy
Le Valentin
Medi Terra Nea
Au loup
Musée du Parfum
Manucurist
Paradis du Fruit
Richelieu Drouot
Grands Boulevards
Pl. de l'Opéra
Opéra Comique
Olympia Hall
Cinq Mondes Spa
Bonne Nouvelle
Opéra
Quatre Septembre
Pl. de la Bourse
La Bourse
Bourse
Place Vendôme
Boulevard de Clichy
Boulevard de Rochechouart
Rue Lepic
Rue des Abbesses
Rue Caulaincourt
Rue Lamarck
Rue Norvins
Rue de Douai
Rue Victor Massé
Rue de Navarin
Rue de la Tour d'Auvergne
Rue Notre Dame de Lorette
Rue St Lazare
Rue de Châteaudun
Rue de Provence
Rue La Fayette
Boulevard Haussmann
Rue de la Victoire
Rue Condorcet
Rue de Maubeuge
Rue de Londres
Rue de Clichy
Rue Blanche
Rue Pigalle
Rue des Martyrs
Rue Rodier
Rue Turgot
Rue Bergère
Rue Bleue
Rue Rossini
Rue Joubert
Rue de Mogador
Rue de la Ch. d'Antin
Bd. Montmartre
Bd. Poissonnière
Bd. des Italiens
Bd. des Capucines
Rue du Quatre Septembre
Rue Feydeau
Rue St Marc
Rue d'Uzès
Rue Réaumur
Rue des Jeûneurs
Rue de Richelieu
Rue Montmartre
Rue de la Paix
Rue de Caumartin
Rue Daunou
Rue Volney
Rue Louis Le Grand
Rue Gaillon
Rue St Augustin
Rue de Louvois
Rue Colbert

Kultur
Shopping
Restaurant
Wellness
Ausgehen
Übernachten
0
300 m
Point Éphémère
Bizz'Art
Le Marcel
Le Café A
Le Comptoir Général
Fuxia
Chez Jeannette
L'inconnu
Hôtel des Comédies
Le Coq
Les Parigots
Republique Hotel
Marcadet Poissonniers
Marx Dormoy
Barbès Rochechouart
La Chapelle
Stalingrad
Louis Blanc
Gare du Nord
Château Landon
Gare de l'Est
Poissonnière
Château d'Eau
Jacques Bonsergent
Strasbourg St Denis
République
Boulevard de la Chapelle
Gare du Nord
Gare de l'Est
Gare des Marchandies
Jardin Villemin
Sq. A. Hampâthé
Sq. Léon
Canal Saint Martin
Quai de Valmy
Quai de Jemmapes
Rue La Fayette
Rue du Faubourg St Denis
Boulevard de Magenta
Boulevard de Strasbourg
Boulevard St Martin
Rue du Faubourg du Temple
R. du 8 Mai 1945
Pl. de la République
Pl. Napoléon III
Pl. de Roubaix
Pl. de Valenciennes
Pl. Fr. Liszt
Pl. Robert Desnos
Pl. Raoul Follereau
Pl. du Dr. A. Fournier
Pl. J. Bonsergent
Pl. J. Strauss
Pl. de la Chapelle
Palais des Glaces

Kultur

In der Nähe der Grands Boulevards lohnt es sich, die prunkvoll verzierte Opéra Garnier (S. 48) sowie die Galeries Lafayette (S. 53) mit ihrer spektakulären Glaskuppel zu besichtigen. Auf dem Sightseeingprogramm sollte außerdem ein Besuch der historischen Passagen (S. 50) nicht fehlen. Sie beeindrucken durch ihre tollen Glasdächer, Bodenmosaike und ihre kleinen Läden, Restaurants und Cafés. Passagen wurden im 19. Jahrhundert erbaut, um es Spaziergängern und Kauflustigen zu ermöglichen, unabhängig vom Wetter bei Tageslicht einzukaufen, ohne sich in den Straßen der Stadt schmutzig zu machen. Ein weiterer Höhepunkt des Stadtteils stellt neben dem Canal Saint-Martin das Künstlerviertel Montmartre dar, das sich seinen Charme trotz Massentourismus bewahrt hat.

* Cimetière Montmartre

In Paris lohnt es sich, Friedhöfe zu besichtigen, auf denen viele Künstler beigesetzt sind. Der **Friedhof** von Montmartre, der 1825 in einem alten Gipssteinbruch eröffnet wurde, ist nach Père Lachaise (S. 147) der bekannteste Friedhof der Stadt. Mit seinen großen Alleen gleicht er einem Park. Er beherbergt 20 000 Gräber und Mausoleen von bekannten Persönlichkeiten wie beispielsweise Heinrich Heine.

20, Avenue Rachel, 75018 Paris • Metro: Blanche, Place de Clichy • +33 1 53 42 36 30 • www.paris.fr • Mo–Fr 8–18, Sa 8.30–18, So 9–18 Uhr

Geht gar nicht

Viel zu teuer, wenig internationale Stars und nicht sehr sehenswert: Das Wachsfigurenkabinett Musée Grévin stellt keinen empfehlenswerten Hop Spot der Stadt dar!

* Clos Montmartre

Der **Weinberg von Montmartre** wurde 1930 von Bürgern des Stadtteils angepflanzt, um die Errichtung von Sozialbauten zu verhindern. Der 1550 Quadratmeter große Weinberg gehört der Stadt Paris und ergibt pro Jahr zwischen 1000 und 1500 Flaschen Wein. Diese werden in den Kellern des Rathauses im 18. Arrondissement gekeltert und abgefüllt und sind im Tourismusbüro auf dem Place du Tertre (S. 50) erhältlich.

14–18, Rue des Saules, 75018 Paris • Metro: Abbesses, Lamarck-Caulaincourt • www.paris.fr

✳ La Maison rose

Das Maison rose in Montmartre ist Anfang des 20. Jahrhunderts bekannt geworden, da der Maler Maurice Utrillo dieses kleine rosafarbene Haus auf einem seiner Werke festgehalten hat. Das Gemälde hängt heute im Modern Art Museum von San Francisco. Das idyllische Maison rose ist ein **Café-Restaurant** mit malerischer, recht ruhiger Terrasse, nicht weit vom kleinen Weinberg entfernt.

2, Rue de l'Abreuvoir, 75018 Paris • Metro: Lamarck-Caulaincourt • +33 1 42 57 66 75

✳ Le mur des je t'aime

Ein beliebtes Ausflugsziel für romantische Aufenthalte und Hochzeitsreisen: Zwei Künstler haben 2001 an einer blauen Kachelwand in einem kleinen Park von Montmartre die Wörter **»Ich liebe dich«** in 300 verschiedenen Sprachen festgehalten. Neben den bekannten Pariser Brücken mit ihren vielen Schlössern ist dies einer der romantischsten Orte in Paris!

Square Jehan Rictus, Place des Abbesses, 75018 Paris • Metro: Abbesses • www.lesjetaime.com • Winter: 8–17.30, Sommer: 8–20.30 Uhr

✳ Moulin Rouge

Die rote Mühle ist eines der bekanntesten **Cabarets** der Welt und der Geburtsort des French Cancan. 1889 eröffnet, diente das Moulin Rouge zuerst als Bühne für die Tänzerinnen des French Cancan, später auch für Operetten, Revuen und Kinoaufführungen. Jede Show, die im Moulin Rouge aufgeführt wird, beginnt mit dem Anfangsbuchstaben »F«. Das Cabaret bietet Platz für 850 Gäste und ist jeden Tag fast komplett ausgebucht, deshalb unbedingt vorher reservieren!

82, Boulevard de Clichy, 75018 Paris • Metro: Blanche • +33 1 53 09 82 82 • www.moulinrouge.fr • Eintritt: 100–200 €

✳ Musée de Montmartre

Das privat geführte **Montmartre-Museum** befindet sich direkt hinter dem kleinen Weinberg. Es besticht durch seinen oasenähnlichen, kleinen Garten, den Jardin Renoir. Das Museum informiert über die Geschichte des Viertels und über Künstler, die Ende des 19. Anfang des 20. Jahrhunderts in Montmartre gelebt und gearbeitet haben. Hierzu zählen unter anderem Pierre-Auguste Renoir, Henri de Toulouse-Lautrec und Pablo Picasso.

12–14, Rue Cortot, 75018 Paris • Metro: Lamarck-Caulaincourt • +33 1 49 25 89 37 • www.museedemontmartre.fr • Mo–So 10–18 Uhr • Eintritt: 9 €

✳ Musée du Parfum

Im Fragonard **Parfüm-Museum** wird die Herstellung von Parfüm sowie der Unterschied zwischen Eau de Toilette und Eau de Parfum erklärt. Auf dem interessanten Rundgang kann man verschiedene Duftnoten testen und viele kleine Gegenstände wie beispielsweise Flakons, Spiegel und andere Kosmetikgegenstände bewundern, die Frauen in längst vergangenen Zeiten nutzten. Sehr interessant!

9, Rue Scribe, 75009 Paris • Metro: Opéra • +33 1 47 42 04 56 • www.fragonard.com • Mo–Sa 9–18, So 9–17 Uhr • Eintritt: frei

✳ Musée de la Vie romantique

Das Musée de la Vie romantique ist in der Villa des Malers Ary Scheffer zwischen den Grands Boulevards und Montmartre eingerichtet worden. Im Erdgeschoss zeigt es Gegenstände aus dem Leben von George Sand und ihres Freundes Frédéric Chopin inklusive Zeichnungen, Gemälden und Schmuckstücken sowie **romantische Werke** des Malers und seiner Zeitgenossen. Von besonderem Interesse ist das kleine Café (S. 59) im idyllischen Garten des Museums. Seine Terrasse ist im Sommer von duftenden Rosensträuchern eingerahmt.

16, Rue Chaptal, 75009 Paris • Metro: Pigalle, Saint-Georges • +33 1 55 31 95 67 • www.paris.fr • Di–So 10–18 Uhr • Eintritt: frei

✳ Opéra Garnier

Die Opéra Garnier ist die traditionelle Oper von Paris, in der vor allem **Ballettaufführungen** stattfinden. Sie kann an jedem Tag der Woche bis zum späten Nachmittag besichtigt werden. Besonders beeindruckend sind die goldverzierten, breiten Aufgänge, der Spiegelraum sowie der Opernsaal selbst, an

Geht gar nicht

Vorsicht Touristenfalle in Montmartre: Unterhalb von Sacré-Cœur stehen Männer mit Bindfäden in der Hand. Am besten Hände in die Tasche und schnell vorbeigehen, denn sonst bekommt man einen Bindfaden um den Zeigefinger, der zu einem Armband geflochten wird! Das Ganze kostet dann auch noch Geld!

Die beiden Wahrzeichen des Viertels Montmartre schlechthin: Die rote Mühle des weltbekannten Cabarets und die weiße Kathedrale Sacré-Cœur.

dessen Decke sich ein wunderbares buntes Fresko von Marc Chagall aus dem Jahre 1963 befindet.

8, Rue Scribe, 75009 Paris • Metro: Opéra • +33 1 71 25 24 23 • www.operadeparis.fr • Anfang Sept. bis Mitte Juli 10–17 Uhr, Mitte Juli bis Anfang Sept. 10–18 Uhr • Eintritt: 10 €

✳ Passage Verdeau und Passage Jouffroy

Die Passage Verdeau mit ihrer hohen Glasüberdachung wurde 1847 eröffnet und beherbergt heute zahlreiche Antiquariate und Kunsthändler, während in der meistbesuchten **Pariser Passage** Jouffroy Büchergeschäfte, ein Hotel und das Wachsfigurenkabinett von Paris zu finden sind. Sie galt bei ihrer Erbauung 1836 als modern, da sie vom Boden her beheizt und komplett aus Eisen und Glas gefertigt wurde.

Passage Verdeau: 10–12, Boulevard Montmartre, 75009 Paris • Passage Jouffrey: 6, Rue de la Grand-Batelière, 75009 Paris • Metro: Grands Boulevards, Le Peletier, Richelieu-Drouot • www.paris.fr, www.passagejouffroy.com • Passage Verdeau: Mo–Fr 7.30–21, Sa, So 7.30–20.30 Uhr • Passage Jouffroy: Mo–So 7–21.30 Uhr

✳ Place du Tertre

Auf dem **Künstlerplatz** in der Nähe von Sacre-Cœur (S. 50) arbeiten circa 200 bis 300 Künstler. Im vorderen Teil des Platzes malen Kreative die bekanntesten Sehenswürdigkeiten der Stadt, im hinteren Teil kann man Porträtisten und Karikaturisten bei der Arbeit zusehen. Sehr spannend! Trotz des großen Besucherandrangs herrscht hier ein ganz besonderes Flair. Am besten morgens und in der Nebensaison vorbeischauen! Denn dann gehört der Platz allein den Künstlern.

Place du Tertre, 75018 Paris • Metro: Abbesses, Anvers • www.paris.fr

✳ Sacré-Cœur

Die **weiße Kathedrale** Sacré-Cœur thront beeindruckend über der Stadt Paris. Sie wurde zwischen 1875 und 1914 erbaut und 1919, nach dem Ersten Weltkrieg, geweiht. Im Innenraum befindet sich eines der größten Deckenmosaike Europas. Es stellt das heilige Herz von Jesus dar. Die Stufen vor der Kathedrale sind abends sehr gut besucht und bieten eine tolle Sicht auf die Stadt.

35, Rue du Chevalier de la Barre, 75018 Paris • Metro: Anvers • +33 1 53 41 89 00 • www.sacre-coeur-montmartre.com • Mo–So 6–22.30 Uhr • Eintritt: frei

! Das traditionelle Weinfest im Künstlerviertel

Jedes Jahr findet am zweiten Wochenende im Oktober das traditionelle Weinfest, la Fête des Vendanges (www.fetesdesvendagesdemontmartre.com), im Künstlerviertel Montmartre statt. Begleitet wird das Fest von einem feierlichen Rahmenprogramm, das unter anderem Weinverkostungen, die Besichtigung des kleinen Weinbergs sowie einen festlichen Umzug durch die Straßen des Viertels vorsieht.

Vor allem von Freitag bis Sonntag lohnt es sich, das Weinfest in Montmartre zu besuchen. Denn dann stellen viele französische Regionen ihre regionalen Produkte in kleinen weißen Zelten rundum Sacré-Cœur aus. Hier können Wein, Käse und Wurst, süße Spezialitäten wie Honig und Nougat, aber auch etwas ausgefallenere Produkte wie Austern, Schnecken und *Foie Gras* probiert werden. Das Fest ist eine tolle Möglichkeit, typisch französische Spezialitäten, die es bisher noch nicht auf euren Teller geschafft haben, zu testen! Alle Produkte können auch gekauft und mit nach Hause genommen werden.

Samstagabend steht einer der Höhepunkte des Weinfestes auf dem Programm. Dann findet vor der Kathedrale Sacré-Cœur ein riesiges Feuerwerk statt. Dies ist in Paris etwas ganz Besonderes, da das einzige offizielle Feuerwerk der Stadt am 14. Juli, dem Französischen Nationalfeiertag, gezündet wird. Zu Silvester hingegen, herrscht absolutes Knaller- und Raketenverbot. Paris-Touristen müssen sich zum Jahreswechsel mit einer Art Laser- und Lichtershow am Eiffelturm sowie jubelnden Menschen auf den Champs-Elysées und den Champs de Mars begnügen.

Zur Fêtes des Vendanges wird der Wein des Montmartre eigenen Weinberges zu karitativen Zwecken für das Viertel versteigert. Wer den seltenen Tropfen nicht ersteigert, kann ihn anschließend auch im Tourismusbüro auf dem Place du Tertre (S. 50) in Halbliterflaschen für etwa 40 Euro kaufen. Alles in allem eine tolle Veranstaltung mit sehr vielen Besuchern!

Shopping

Für diejenigen, die gerne nach besonderen, einzigartigen Stücken abseits des aktuellen Mainstreams suchen, hält das Viertel Montmartre zahlreiche Concept Stores und kleinere Boutiquen mit hippen Kleidungsstücken, die nicht jeder trägt, bereit. Unterhalb des Butte Montmartre auf den Grands Boulevards, nahe der Opéra Garnier (S. 48) und den Galeries Lafayette (S. 53) befinden sich vor allem Geschäfte großer internationaler Marken wie H&M und Co. Neben Fashion Stores stehen auf unserer Shoppingliste niedliche Schmuck- und Taschengeschäfte, ein cooler Lampenladen sowie zwei süße Empfehlungen. Die Galeries Lafayette sowie die Geschäfte der Grands Boulevards laden jeden Donnerstag zu einem langen Einkaufstag bis 21 Uhr ein.

Antoine & Lili

Der Laden fällt bereits von außen durch seine rosafarbene Fassade auf, im Inneren geht die bunte Entdeckungstour weiter. Die Wände des Geschäfts sind wie ein Mädchenzimmer in rosa-, pink- und brombeerfarbenen Tönen gestaltet. Auf drei kleinen Etagen gibt es bunte, **ausgefallene Kleidungsstücke** und Accessoires wie Tücher, Schmuck und Schuhe zu entdecken.

90, Rue des Martyrs, 75018 Paris • Metro: Abbesses • +33 1 42 58 10 22 • www.antoineetlili.com • Mo–Fr 11–20, Sa 10–20, So 13–19 Uhr

Brontibay

Für Accessoires-Fans! Nicht weit von den Galeries Lafayette (S. 53) entfernt, liegt dieser schöne Laden mit bunten, eleganten, **modernen Taschen** in allen Farben und Größen. Von großen Handtaschen, über kleine Umhängetaschen und Clutches für den Abend bis hin zum passenden Portemonnaie hat dieser Laden einfach alles zu bieten!

13, Rue La Fayette, 75009 Paris • Metro: Chaussée d'Antin-La Fayette • +33 1 48 74 05 24 • www.brontibay.fr • Mo–Sa 11–19.30 Uhr

La Case de Cousin Paul

Schon von draußen wirkt dieser **Lampenladen** wie der wahr gewordene Traum eines jeden Mädchenzimmers. Große und kleine Lampions in den schönsten Farben hängen von der Decke herab und an den Wänden sind bunt strahlende Girlanden angebracht. Die Lichterketten kann man sich ganz individuell in seinen Lieblingsfarben zusammenstellen lassen.

4, Rue Tardieu, 75018 Paris • Metro: Anvers • +33 1 55 79 19 41 • www.lacasedecousinpaul.com • Mo–Fr 10.30–19.30, Sa 10–20, So 11–19 Uhr

✳ Dussica

Kleiner versteckter Laden in Montmartre, der auf der Suche nach **modischen Accessoires** sehr zu empfehlen ist. Zu kaufen gibt es tolle Ketten, bezaubernde Ohrringe, Handtaschen, hübsche Portemonnaies und schöne Tücher. Bei Dussica wird man immer fündig! Der Laden ist ideal zum Kaufen von Mitbringseln für die besten Freundinnen.

11, Rue La Vieuville, 75018 Paris • Metro: Abbesses • +33 9 51 73 50 08 • www.dussica.com • Mo–So 11–13, 15–20 Uhr

✳ Etam Lingerie

Das Unterwäschegeschäft Etam Lingerie liegt in einer belebten Seitenstraße der Galeries Lafayette und verkauft **angesagte Dessous** und Wohlfühlkleidung für zu Hause. Der Laden ist modern eingerichtet. Auf zwei Etagen findet man Unterwäsche in allen möglichen Farben und Schnitten. Zu Festtagen und zum Jahreswechsel gibt es zusätzliche Kollektionen als Geschenk oder zum Selbertragen.

44, Rue de la Chaussée d'Antin, 75009 Paris • Metro: Chaussée d'Antin-La Fayette • +33 1 42 82 07 12 • www.etam.com • Mo–Sa 10–20 Uhr

✳ Galeries Lafayette

Das weltbekannte Luxuskaufhaus gilt als einer der größten **Shoppingtempel** von Paris. Es besteht aus zwei Kaufhäusern, wovon eines für Frauen- und

Originelle Boutique, die einem großen begehbaren Kleiderschrank mit vielen bunten Kleidungsstücken ähnelt – hier werden Mädchenträume wahr! →

eines für Männerartikel reserviert ist. Frauen können auf sieben Etagen richtig ausgiebig shoppen. Neben teurer Designermode gibt es auch erschwingliche Kollektionen für den normalen Geldbeutel, inklusive einer tollen Dessous-Abteilung und einer großen Schuhauswahl im Untergeschoss!

40, Boulevard Haussmann, 75009 Paris • Metro: Chaussée d'Antin-La Fayette • +33 1 42 82 34 56 • www.galerieslafayette.com • Mo–Sa 9.30–20, Do 9.30–21 Uhr

✳ Jagh Paris

Schmuck soweit das Auge reicht! Auch wenn die **Schmuckboutique** klein ist, bietet sie eine schöne Auswahl an glitzernden Highlights von verschiedenen Pariser Jungdesignern. Die angenehme Beleuchtung des Ladens lässt Ketten, Ringe und Armbänder wunderbar funkeln. Auch Gürtel, Taschen und Portemonnaies in bunten Farben sind hier erhältlich.

62, Rue d'Orsel, 75018 Paris • Metro: Abbesses • +33 1 73 71 23 12 • Mo 13–19.30, Di–Sa 11–19.30, So 13–19 Uhr

Don't miss

Wer in der Galeries Lafayette oder im Printemps shoppen geht, sollte mit dem Aufzug bis in die letzte Etage des Kaufhauses fahren und den kostenlosen, beeindruckenden Ausblick von den Dachterrassen auf die Stadt genießen.

✳ Jeff de Bruges

Hier gibt es ausnahmsweise mal keine Mode, sondern viel zarte **Schokolade**. Eine tolle Adresse für diejenigen, die Süßes lieben. Jeff de Bruges geht mit der Jahreszeit, zu jeder Saison gibt es ein passendes Sortiment an Pralinen und Schokoladen. Vor allem zu Ostern und Weihnachten sehr verlockend! Pralinenschachteln können auch selbst zusammengestellt werden.

24, Rue des Martyrs, 75009 Paris • Metro: Notre-Dame-de-Lorette • +33 1 45 96 02 27 • www.jeff-de-bruges.com • Mo–Sa 9.30–14, 15.30–19, So 9.30–13 Uhr

✳ Käramell

Der Name des kleinen Ladens Käramell ist nicht falsch, sondern in schwedischen Lettern geschrieben. Er hält, was er verspricht. Denn **Süßigkeiten**-Fans erwartet ein kleines Paradies mit vielen verlockenden süßen und sauren Naschereien. Nach Belieben kann man, wie auf dem Jahrmarkt, sein Tütchen mit allem, was man mag, bis an den Rand vollpacken. Am Ende wird nach Gewicht bezahlt.

Ob bunte Lichtblicke oder zarte Versuchungen – das Shoppingvergnügen im Norden der französischen Hauptstadt ist vielfältig und verführerisch!

15, Rue des Martyrs, 75009 Paris ▪
Metro: Notre-Dame-de-Lorette ▪
+33 1 53 21 91 77 ▪ www.karamell.fr ▪
Di–Sa 11–20, So 10.30–19 Uhr

✳ Mademoiselle Bambû

Hübsche Boutique im Pariser Künstlerviertel. Mit seiner schönen Inneneinrichtung und den offenen Schränken, in denen die Kleidungsstücke auf Bügeln hängen, hat man fast den Eindruck, in einem kleinen Pariser Apartment zu Gast zu sein. Bei Mademoiselle Bambû findet man schlichte, aber auch ausgefallene **Kleidung und Accessoires** wie Wollmützen, Handschuhe und dicke Schals.

19, Rue La Vieuville, 75018 Paris ▪
Metro: Abbesses ▪ +33 1 42 23 96 87 ▪
www.mademoisellebambu.com ▪
Di–Sa 11.30–20, So 14–20 Uhr

✳ Passage du Havre

Die Passage du Havre ist eine überdachte **Ladenpassage** aus dem 19. Jahrhundert. Heute beherbergt sie eine Reihe von Modeboutiquen, Schuhläden, Kosmetik- und Schmuckgeschäften sowie ein Café und Snackbars für den kleinen Hunger zwischendurch. Bei schlechtem Wetter ideal zum Shoppen. Die Auswahl an Läden auf drei Etagen ist riesig! Inklusive großem Sephora-Shop für Parfüm und Make-up.

↑ *»Dussica«: Kleine Schatzkiste in Montmartre, die viele süße Kleinigkeiten bereithält. Hier sieht man die große Auswahl an bunten Portemonnaies.*

107, Rue Saint-Lazare, 75009 Paris ▪
Metro: Saint-Lazare, RER Haussmann-Saint-Lazare ▪ +33 1 44 53 09 23 ▪
www.passageduhavre.com ▪
Mo–Sa 10–20 Uhr

✳ Princesse Tam Tam

Im belebten Viertel Abbesses befindet sich diese Top Adresse für **stylishe Dessous**, Bikinis und Homewear. Die unter Pariserinnen sehr beliebte französische Marke Princesse Tam Tam bietet junge, sehr feminine, hochmoderne und stilbewusste Dessous in den angesagtesten Farben und Schnitten. Französischer Charme inklusive! Hier unbedingt vorbeischauen!

31, Rue des Abbesses, 75018 Paris • Metro: Abbesses • +33 1 42 52 34 99 • www.princessetamtam.com • Mo 11–19.30, Di–Do 10–19.30, Fr, Sa 10–20 Uhr

Tudo Bom

Auf brasilianisch bedeutet Tudo Bom so viel wie »alles gut«! So fühlt man sich auch, wenn man in diesem kleinen **Modeladen** im Viertel Montmartre steht. Bunte, angesagte Kleidung, coole Schuhe mit Absatz oder bequeme Sneakers, Handtaschen und ausgefallene Hüte sind in diesem Laden, der seine Kleidung selbst als *casual chic* bezeichnet, zu finden. Alles Fair Trade und in Brasilien hergestellt!

8, Rue des Abbesses, 75018 Paris • Metro: Abbesses • +33 1 42 54 01 28 • www.tudobom.fr • Di 14–19, Mi–Fr 11.30–14, 15–19.30, Sa 11.30–19.30, So 14–19 Uhr

Uniqlo

Japanische Modekette aus Hiroshima. Der Laden Uniqlo liegt direkt gegenüber der bekannten Opēra Garnier (S. 48) nahe dem Boulevard Haussmann. Hier findet man qualitativ hochwertige Kleidung zu sehr günstigen Preisen. Ob Pullover, Hose oder Jacke, ein Modell ist immer in vielen verschiedenen Farben erhältlich.

17, Rue Scribe, 75009 Paris • Metro: Chaussée d'Antin-La Fayette • +33 1 58 18 30 55 • www.uniqlo.com • Mo–Sa 10–20 Uhr

United Colors of Benetton

Der größte Benetton Store in Paris befindet sich in einem tollen Haussmann'schen Gebäude auf den Grands Boulevards. Über vier Etagen verteilt, findet man **angesagte Teile** aus der aktuellen Kollektion des italienischen Modeherstellers. Tolle Shoppingadresse für Frauen! Neben Benetton-Kleidung gibt es in der letzten Etage auch schöne Stücke der Marke Sisley.

51–53, Boulevard Haussmann, 75009 Paris • Metro: Havre-Caumartin • +33 1 55 27 49 70 • www.benetton.com • Mo–Sa 10–20, Do 10–21 Uhr

Vintage Desir

Kleiner, cooler Vintage-Laden in Montmartre, dessen große Schwester sich im hippen Marais-Viertel befindet. Vollgestopft mit toller **Vintage-Kleidung** und Accessoires wie Schuhen, Taschen und Gürteln zu angenehm günstigen Preisen. Unbedingt vorbeischauen, denn das ein oder andere Schätzchen findet man hier ganz bestimmt!

28, Rue Yvonne le Tac, 75018 Paris • Metro: Abbesses • +33 1 42 57 96 56 • Mo–So 11–21 Uhr

Restaurants & Cafés

In der Gegend um die Grands Boulevards, den Canal Saint-Martin und République sowie im Künstlerviertel Montmartre liegen viele Restaurants, typisch französische Brasserien und hübsche Cafés. Auf dem Montmartre-Hügel befinden sich vor allem kleinere Restaurants, Bistros und gemütliche Cafés. Ihre Tische bieten häufig nur Platz für eine kleine Anzahl von Gästen und auf ihren Menüs stehen vorwiegend typisch französische Spezialitäten. Im Ausgehviertel um die Grands Boulevards findet man hippe Restaurants mit internationaler Küche, die auch große Gruppen empfangen können. Am Canal Saint-Martin wird man auf der Suche nach alternativen Szenecafés und Restaurants in lockerer Atmosphäre schnell fündig.

✳ L'Affineur Affiné

Der große Trend der Pariser Gastronomie geht im Moment Richtung **Käsebars**. Für Käsenarren ist dies genau die richtige Adresse. Aus einer großen Auswahl an Käse kann man zwei, fünf, zehn oder gar 15 verschiedene Käsesorten auswählen. Diese werden zusammen mit frischem Baguette und Nussbrot auf einer Schiefertafel serviert. Unbedingt den passenden Wein dazu bestellen. C'est délicieux!

51, Rue Notre-Dame de Lorette, 75009 Paris • Metro: Saint-Georges • +33 9 66 94 22 15 • www.laffineuraffine.fr • Mi–Sa 10.30–21.30, So–Mo 10.30–20.30 Uhr • Käseplatte mit zehn verschiedenen Sorten: 25 €

✳ La Balançoire

Das kleine, sehr gute Restaurant liegt in einer recht ruhigen Seitenstraße der Rue des Abbesses in Montmartre. Es wurde von zwei langjährig befreundeten Jungs gegründet. Das Restaurant besticht durch seine **französische Küche** sowie die Qualität und Kreativität seiner Speisen. Unter der Woche gibt es günstige Menüs mit Vorspeise, Hauptgang und Dessert. Ein echter Geheimtipp!

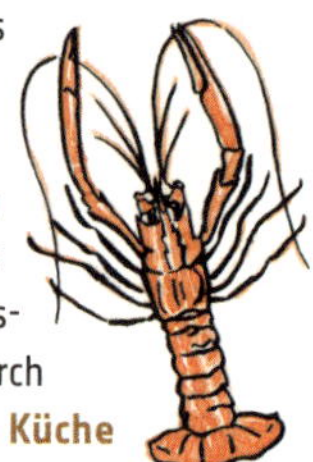

6, Rue Aristide Bruant, 75018 Paris • Metro: Abbesses, Blanche • +33 1 42 23 70 83 • Di–Sa 12–14.30, 19–23 Uhr • Hauptgericht: ab 16 €

✳ Café A

Das Café A liegt nur ein paar Gehminuten vom Gare de l'Est entfernt und so versteckt, dass man per Zufall niemals darauf stoßen würde. Ein absolutes **Insider-Café**, weitab von jeglichem Touristenstrom. Das Besondere an diesem Café ist der große Terrassengarten, in dem man es sich bei Sonnenschein so richtig gemütlich machen kann. Im Winter daher eher weniger empfehlenswert!

148, Rue du Faubourg Saint-Martin, 75010 Paris • Metro: Gare de l'Est • +33 9 81 29 83 38 • Mo–Fr 10–23, Sa–So 12–23 Uhr • Hauptgericht: ab 10 €

✳ Café des Deux Moulins

Das Café der zwei Mühlen ist durch den zauberhaften Film »Die fabelhafte Welt der Amélie« bekannt geworden. Auch mehr als zehn Jahre nach Erscheinen des Filmes ist das Café eine gut besuchte **Pilgerstätte für Amélie-Fans** aus der ganzen Welt. Lasst euch bei einer typischen Crème brulée und einem Milchkaffee in die Welt der Amélie versetzen und genießt das besondere Flair des kleinen Cafés!

15, Rue Lepic, 75018 Paris • Metro: Abbesses, Blanche • +33 1 42 54 90 50 • Mo–So 7.30–1 Uhr • Menü »Goûter d'Amélie« mit Crème brulée und Heißgetränk: ca. 8 €

✳ Le café du Musée de la Vie romantique

Ganz versteckt im malerischen Hinterhof des Musée de la Vie romantique (S. 48) befindet sich ein kleines, ganz **bezauberndes Café**, das vor allem in den Sommermonaten wie eine kleine grüne Oase im Pariser Großstadtdschungel wirkt. Denn dann ist die Außenterrasse des Cafés von duftenden Rosensträuchern und bunten Blumen umrahmt. Ideal für einen Plausch unter Freundinnen bei einem leckeren Stückchen Kuchen!

Auf den Spuren der fabelhaften Welt der Amélie durch Montmartre: Im Café des deux moulins lädt Amélie zu einer leckeren Crème brulée ein! →

16, Rue Chaptal, 75009 Paris • Metro: Pigalle, Saint-Georges • +33 1 55 31 95 67 • www.paris.fr • Di–So 10–17 Uhr • Hauptgericht: ab 7 €, Kuchen: ab 4 €

✳ Delaville Café

Das Delaville Café eignet sich bestens für einen netten Abend mit Freunden. Das **Restaurant** liegt auf den Grands Boulevards und ist durch sein ausgefallenes Innendesign und die entspannte Stimmung für einen lockeren Abend mit Diner und Cocktails ideal. Serviert wird gutes Essen zu durchschnittlichen Preisen.

34, Boulevard de Bonne Nouvelle, 75010 Paris • Metro: Bonne Nouvelle • +33 1 48 24 48 09 • www.delavillecafe.com • Mo–So 11–2 Uhr • Hauptgericht: ab 14 €

✳ L'été en pente douce

Nur einen Steinwurf von der Kathedrale Sacré-Cœur (S. 50) entfernt und doch so versteckt liegt dieses **kleine Lokal**, welches über ein paar Treppenstufen von Sacré-Cœur aus erreichbar ist. Im Sommer liegt seine Außenterrasse mit den vielen bunten Stühlen im Schatten großer Bäume. Sie lädt zu einem erfrischenden Getränk ein, das nach dem anstrengenden Aufstieg des Montmartre-Hügels sehr willkommen sein dürfte!

8, Rue Paul-Albert, 75018 Paris • Metro: Château Rouge • +33 1 42 64 02 67 • www.parisresto.com • Mo–Fr 12–15, 19–23, Sa–So 12–16, 19–23.45 Uhr • Hauptgericht: ab 10 €

✳ Fuxia

Das Restaurant im Industriedesign mit seinen hohen Decken und großen Holztischen eignet sich prima für Mädelsabende in Paris. Draußen kann man es sich an warmen Sommertagen auf der Terrasse bequem machen. Auf der Karte stehen **italienische Spezialitäten** sowie ein ausgiebiger Brunch am Sonntag! Der Canal Saint-Martin ist nur ein paar Hundert Meter entfernt.

15, Rue Jean Poulmarch, 75010 Paris • Metro: Jacques Bonsergent • +33 1 42 01 30 90 • www.fuxia.fr • Mo–So 9–2 Uhr • Hauptgericht: ab 13 €

✳ Medi terra nea

Die **Tapasbar** Medi terra nea serviert ihre Speisen wie manche Sushi-Restaurants auf einem fahrenden Band. Teller mit kleinen Portionen fahren an einem vorbei und man wählt nach Belieben aus den verschiedenen Vorspeisen und Desserts aus. Die Hauptgänge werden beim Kellner direkt bestellt. Sehr cooles Konzept!

13, Rue du Faubourg Montmartre, 75009 Paris • Metro: Grands Boulevards, Le Peletier • +33 1 47 70 53 04 • www.medi-terra-nea.fr • Mo–Sa 9–1 Uhr • Hauptgericht: ab 10 €

✳ Le Paradis du fruit

Wie der Name schon sagt, handelt es sich hier um ein wahres **Früchteparadies**! Das Paradis du fruit ist ein tolles, immer gut besuchtes Restaurant auf den Grands Boulevards. Anstellen lohnt sich allemal! Belohnt wird man mit frischen, leckeren Smoothies aus allen erdenklichen Früchten und gesunden Menüs zu günstigen Preisen. Geniale Eis- und Kuchendesserts inklusive! Nicht nur Vitaminjunkies sollten hier vorbeikommen!

30, Boulevard des Italiens • Metro: Opéra, Richelieu-Drouot • +33 1 47 70 33 28 • www.leparadisdufruit.fr • Mo–So 11–2 Uhr • Menü »Paradis Terrestre«: 14,50 €

✳ Les Pâtes vivantes

Dieses Restaurant trägt seinen Namen – lebende Nudeln – zu Recht. Bereits im Schaufenster sieht man Nudeln in den Kochtopf hüpfen, den gekonnten Handgriffen der Köche sei Dank. Das Restaurant bietet seinen Gästen neben leckeren **chinesischen Gerichten** einen hohen Unterhaltungsfaktor! Unbedingt neben den Köchen Platz nehmen und den Nudeln beim Fliegen zusehen!

46, Rue du Faubourg Montmartre, 75009 Paris • Metro: Le Peletier • +33 1 45 23 10 21 • www.lespatesvivantes.net • Mo–Sa 12–15, 19–23 Uhr • Hauptgericht: ab 14 €

✳ Le Relais de la Butte

Das Café-Restaurant Relais de la Butte liegt nicht weit von Picassos ehemaligem Atelier Le Bateau Lavoir in Montmartre entfernt, an einem romantischen, von Bäumen gesäumten Platz. Das Tolle an diesem Restaurant ist neben der ruhigen Lage seine **große Sonnenterrasse** abseits des Touristenstroms, die einen tollen Blick auf die Stadt gewährt. Serviert wird typisch französisches Essen.

12, Rue Ravignan, 75018 Paris • Metro: Abbesses • +33 1 42 23 24 34 • Mo–So 8–1 Uhr • Hauptgericht: ab 16 €

↑ *Hübsche Sommerterrasse unterhalb der Kathedrale Sacré-Cœur. Hier spielt sich das Leben des Viertels Montmartre abseits des Massentourismus ab.*

Rose Bakery

In der Kantine, die von einem französisch-britischen Ehepaar geführt wird, wird **gesunde Bio-Küche** ganz groß geschrieben. Im Restaurant werden frisch zubereitete Speisen wie hausgemachte Pizza, Risotto, Salate, Quiche oder auch Suppen serviert, die vor gesunden Inhaltsstoffen nur so strotzen. Selbst die Desserts sind gut für die Gesundheit. Ohne Gluten. Das Personal ist größtenteils englischsprachig.

46, Rue des Martyrs, 75009 Paris • Metro: Pigalle, Saint-Georges • +33 1 42 82 12 80 • Di–So 9–18 Uhr • Hauptgericht: ab 14 €

Le stube

Le stube ist ein **deutsches Café-Restaurant**, welches sich in der beeindruckenden, überdachten Passage Verdeau (S. 50) befindet. Hier gibt es eines der besten und umfangreichsten Kuchenangebote der Stadt. Auch deftige, typisch deutsche Speisen rund um Currywurt und Co. stehen auf der Speisekarte. Die kleine hübsche Terrasse sowie der Blick durch die großen Fenster in die Passage sind schlichtweg einzigartig!

23, Passage Verdeau, 75009 Paris • Metro: Grands Boulevards, Le Peletier • +33 1 47 70 08 18 • www.lestube.fr • Mo, Di, Sa 8.30–20.30, Mi, Do, Fr 8.30–22, So 11–18 Uhr • Hauptgericht: ab 7 €

Le Valentin

Wer auf der Entdeckungsreise durch die überdachten Passagen der Grands Boulevards plötzlich Hunger auf etwas Süßes verspürt, kann im Le Valentin in der Passage Jouffroy (S. 50) einen kurzen Zwischenstopp einlegen. Das kleine Café hat viele leckere **süße Sachen** zu bieten, die man bereits in den Auslagen des Cafés bestaunen kann.

30, Passage Jouffroy, 75009 Paris • Metro: Grands Boulevards, Richelieu-Drouot • +33 1 47 70 88 50 • www.le-valentin.fr • Mo–Sa 8.30–19.30, So 10–19 Uhr • Stück Kuchen: 4–8 €

Essen – fast ganz so wie zu Hause

Wer im Ausland lebt, bekommt ab und an Appetit auf typische Speisen aus der Heimat. Für deutschsprachige Auswanderer, die in Paris leben, stellt dies kein Problem dar. Denn in der Passage Verdeau, einer hübschen überdachten Pariser Passage, eröffnete Ende 2012 das deutsche Restaurant Le stube (S. 62).

Hier gibt es zum einen deftige Speisen wie die sehr beliebte Currywurst, Sauerkraut, köstliche Strudel und weitere typisch deutsch-österreichische Spezialitäten. Zum anderen zeichnet sich die Stube durch ihr großes Angebot an leckeren Kuchen, Torten und Kaffeegebäck aus.

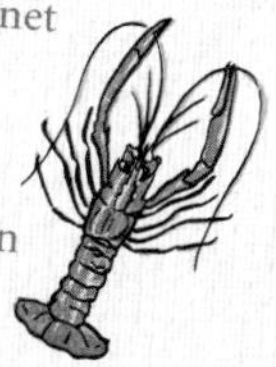

Gerhard Weber ist der Chef der Stube und leitet zusammen mit seiner Frau Sylvie, einer Halbfranzösin, das Restaurant. Beide lernten sich 1986 in Paris kennen, als Gerhard auf ein Stellenangebot als Konditor in einer deutschen Patisserie antwortete. Seine Frau war die Tochter des Hauses!

Le stube ist ein idealer Ort, um ein ruhiges Mittagessen abseits des Großstadttrubels oder ein leckeres Stückchen Kuchen mit einem warmen Milchkaffee zu genießen. Das rot-graue Innendesign des Restaurants wirkt einladend und warm. Die großen Fenster in der ersten Etage erlauben einen einzigartigen Blick in die historische Passage.

Viele deutschsprachige Touristinnen, aber auch Frauen, die schon länger in Paris leben, kommen gern in die Stube und probieren die köstlichen Kuchen. Nach Aussagen des Chefs sind der Apfelstrudel, der Käsekuchen, aber auch die Schwarzwälder Kirschtorte sehr beliebt. Letztere ist nach Gerhards Aussage, entgegen ihrem Ruf als Kalorienbombe, mit ihrem zarten Schokobiskuitboden, den Sauerkirschen und etwas Sahne, ein relativ leichtes Dessert. Auf die Frage, was ihn auch nach etlichen Jahren in Paris immer noch am meisten beeindruckt, antwortet Gerhard spontan: »Die beleuchteten Quais der Seine am Abend«!

Wellness

In Paris gibt es zahlreiche Wellnessangebote, da die Pariserin, wenn sie die ganze Woche auf hohen Absätzen von einem Termin zum Nächsten rennt, sich zur Rushhour in die Metro stürzt und von früh bis spät arbeitet, am Ende der Woche etwas Entspannung dringend nötig hat. So geht es Parisbesucherinnen in Paris häufig auch, wenn die letzte noch auf dem Programm stehende Sehenswürdigkeit abgehakt, das Shoppingbudget verbrannt ist und obendrein die letzte Nacht durchgetanzt wurde. Dann steht auch bei Touristinnen Relaxen auf der Tagesordnung. Und wo kann man besser entspannen als bei einer wohltuenden Massage, einer angenehmen Maniküre oder einer dringend nötigen Gesichtsmaske, um den Teint wieder zum Strahlen zu bringen?

✳ Beauty Monop

Im Beauty Monop in Montmartre bekommt man alles, was man für angenehme Wellnessmomente zu Hause so braucht: Produkte für die Haar- und Körperpflege von duftenden Shampoos, über **Kosmetikprodukte**, Make-up und buntem Nagellack bis hin zu entspannenden Gesichtsmasken und reinigenden Peelings.

28, Rue des Abbesses, 75018 Paris · Metro: Abbesses · +33 1 42 52 89 61 · www.monoprix.fr · Mo 12–20, Di–Sa 10–20, So 11.30–18.30 Uhr

✳ Body Minute

Hier ist der Name Programm! Bei Body Minute kann man ohne Voranmeldung ganz unkompliziert vorbeischauen und Augenbrauen, Beine und andere Körperzonen in wenigen Augenblicken enthaaren lassen. Für alle, die nur wenig Zeit für die **Körperpflege** haben, ist dies genau die richtige Adresse! Auch Express-Gesichtsanwendungen sowie ein die Nägel pflegendes Blitzprogramm sind möglich.

6, Rue de Maubeuge, 75009 Paris · Metro: Cadet · +33 1 53 20 96 65 · www.bodyminute.com · Mo–Fr 10–19.30, Sa 10–19 Uhr · Augenbrauen-Enthaarung: 8 €

✳ Cinq mondes Spa Paris

Toller Ort, um sich vom Pariser Großstadtstress zu erholen und in fremde Welten einzutauchen. Das Spa befindet sich in der Nähe der Opēra Garnier (S. 48) und der Galeries Lafayette (S. 53). Ideal zum Relaxen nach einer ausgiebigen Shoppingtour! Das **japanische Aroma- und Blumenbad** ist besonders empfehlenswert!

6, Square de l'Opēra Louis Jouvet, 75009 Paris • Metro: Opēra • +331 42660060 • www.cinqmondes.com • Mo, Di, Do 11–22, Mi, Fr 11–20, Sa 10–20 Uhr • Japanisches Bad: 50 €

⁕ Manucurist

Absolutes Must für jede Frau, die Wert auf gepflegte Hände und manikürte Fingernägel legt! Ist dies der Fall, dann seid ihr hier genau richtig. Ein tolles, farbenfrohes Innendesign macht den Besuch in der **Nail Bar** zu einem wahren Erlebnis. Unzählige, bunte Nagellacke von Essie stehen zur Auswahl. Wenn einer besonders gut gefällt, kann man ihn auch gleich kaufen.

13, Rue de la Chaussēe d'Antin, 75009 Paris • Metro: Chaussēe d'Antin-La Fayette • +33147033733 • www.manucurist.com • Mo–Sa 10–19, Do 10–21 Uhr • Express-Maniküre: 28 €

⁕ NUXE Spa Printemps de la Beautē

Kleines Spa im Luxuskaufhaus Printemps. Hier kann man sogar während einer Einkaufstour eine kurze Pause einlegen und neue Energie für die nächsten Shops tanken. Neben verschiedenen **Gesichts- und Körperanwendungen** sowie Epilation kann man sich auf den angenehm beheizten Massagetischen nach Shiatsu oder kalifornischer Art massieren lassen und dabei komplett entspannen.

64, Boulevard Haussmann, 75009 Paris • Metro: Havre-Caumartin • +33142825252 • fr.nuxe.com/spas • Mo–Sa 9.30–20, Do bis 22 Uhr • 45-minütige Massage: 80 €

⁕ Tibet Royal Spa et Institut

Das Spa ist vor allem für sein vielfältiges Massageangebot bekannt. Bei einer tibetischen oder ayurvedischen Massage kann man sich bis in die Fußspitzen verwöhnen lassen! Schon etwas ausgefallener sind die Anwendungen mit Schokolade sowie die **Akupunkturbehandlungen**. Im Vergleich zu anderen Spas in Paris sind die Preise für Massagen von Kopf bis Fuß relativ günstig!

9, Rue Eugēne Sue, 75018 Paris • Metro: Jules Joffrin, Marcadet-Poissonniers • +33142596628 • www.spa-tibet.com • Mo–So 11–20 Uhr • Schokoladen-Massage: 65€

Ausgehen

Im Pariser Norden liegen einige der bekanntesten Clubs und Diskotheken der Stadt. Der Stadtteil oberhalb der Seine beherbergt zudem zwei der berühmtesten Pariser Konzerthallen, Olympia (S. 70) und Cigale (S. 68). Auf ihren Bühnen treten regelmäßig bekannte französische Künstler, aber auch internationale Stars auf. Neben den großen Hot Spots des Quartiers, gibt es eine Vielzahl kleinerer Bars und uriger Kneipen. Diese sind sehr gut besucht und für ausgelassene Abende unter einheimischem Publikum mit günstigen Drinks bestens geeignet. Solche Bars befinden sich zum Beispiel auf dem Butte Montmartre oder in der Nähe des Canal Saint-Martin. Wer nach sehr angesagten Clubs sucht, der ist auf den Grands Boulevards genau richtig!

Au Loup

Wein- und Cocktailbar mit großer Theke, auf der so mancher Shot filmreif flambiert wird! Einheimischen zufolge wird in dieser Bar der **grandioseste Wodka der Stadt** serviert, am besten selbst testen und überzeugen! Wer einen kleinen Hunger verspürt, kann zum Wein eine leckere Wurst- oder Käseplatte bestellen!

25, Rue Bergère, 75009 Paris • Metro: Grands Boulevards • +33 1 42 46 25 60 • www.auloup.fr • Mo–Sa 18–1 Uhr

B.58

Ganz in Schwarz gehalten, wirkt diese **Musik- und Cocktailbar** nahe der Grands Boulevards sehr elegant und einladend. Mit Happy Hour jeden Tag bis 21 Uhr und DJs, die immer donnerstags, freitags und samstags auflegen. Freitags ist der Cocktail Mojito King, dann gibt es das Kultgetränk den ganzen Abend für 7 Euro.

58, Rue Richer, 75009 Paris • Metro: Cadet, Le Peletier • +33 9 83 64 33 02 • www.b58-paris.fr • Di–Sa 17–2 Uhr

Le Baron

Neben der Tatsache, dass Le Baron ein angesagtes Restaurant mit Außenterrasse im 9. Arrondissement ist, gilt es außerdem als eine tolle Adresse, um sehr **leckere Cocktails** zu schlürfen. Die Happy Hour geht unter der Woche von 17 bis 21 Uhr. Zu den Cocktails, die dann

nur 5 Euro kosten, gibt es obendrein neben Chips auch knackige Oliven und kleine köstliche Tapas wie Pizzastückchen. Top Adresse!

11, Rue de Chateaudun, 75009 Paris · Metro: Le Peletier, Notre-Dame-de-Lorette · +33 1 48 78 13 68 · www.cafe-le-baron.com · Mo–Sa 7.30–2 Uhr

Le Bēguin

Hippe **Fifties-Bar** mit Vintage-Einrichtung in einer versteckten Sackgasse unterhalb des Place de Clichy. Die Bar mit ihren großen Fenstern und der angenehmen Terrasse liegt relativ ruhig und versteckt. Sie füllt ihre Tische fast ausschließlich durch Mund-zu-Mund-Propaganda. Ideal für ein paar Drinks! Sehr nettes Personal und ungewöhnliches Ambiente.

2, Rue du Cardinal Mercier, 75009 Paris · Metro: Liēge, Place de Clichy · +33 1 42 81 58 20 · www.lebeguin.com · Mo–Fr 9–2, Sa 10–2 Uhr

Bizz'Art

Der Club inklusive Restaurant ähnelt einem New Yorker Loft. Er ist vor allem für seine feine **Soulmusik** bekannt. Mehrmals die Woche wird das Abendessen von Livemusik begleitet. Ideal, um ein Konzert zu besuchen, etwas an der Bar des Clubs zu trinken oder die ganze Nacht zum DJ-Sound durchzutanzen.

167, Quai de Valmy, 75010 Paris · Metro: Louis Blanc · +33 1 40 34 70 00 · www.bizzartclub.com · So–Mi 20–2, Do–Sa 20–6 Uhr · Eintritt: frei oder 9–10 € je nach Event

»Le Coq«, zu Deutsch »der Hahn«, ist das Wahrzeichen von Frankreich. In der Bar Le Coq werden grandiose, nicht alltägliche Cocktails gemixt! →

Bus Palladium

Im **Nachtclub** Bus Palladium kann man unvergessliche Abende nicht weit von Moulin Rouge (S. 47) entfernt verbringen. Mit seinem Retro-Innendesign und den roten Ledersofas ist der Club einer der bekanntesten der Stadt. Gleichzeitig dient er auch als Konzerthalle für bekannte Rockgruppen. Schon des Öfteren

wurde Pete Doherty am Morgen nach seinem Auftritt im Café nebenan gesehen!

6, Rue Fontaine, 75009 Paris · Metro: Pigalle · +33 1 45 26 80 35 · www.lebuspalladium.com · Mo–So 23–6 Uhr · Eintritt: 6 € für Konzerte, 20 € für den Club

* Le Café du Commerce

Coole Deko! Das Restaurant bietet eine schöne Außenterrasse und für Paris recht preisgünstige Gerichte an. Abends eignet es sich prima, um mit Freunden etwas trinken zu gehen. Die Einheimischen beschreiben das Café du Commerce als **Berliner Style**, denn es ist gewollt unperfekt! Abends herrscht aufgrund des rosafarbenen Lichtes eine angenehme Stimmung! Happy Hour von 18 bis 21 Uhr.

13, Rue de Clignancourt, 75018 Paris · Metro: Barbès-Rochechouart · +33 1 46 06 25 63 · Mo 7–24, Di–Fr 7–1, Sa 8–1, So 8–24 Uhr

Don't miss

Im Sommer finden zahlreiche Open-Air-Kinofestivals in Paris statt. Eines der schönsten ist das kostenlose Cinéma au Clair de Lune. Als Kulisse dienen bekannte Pariser Sehenswürdigkeiten! Bester Platz: vor Sacré-Cœur!

* Chez Jeannette

Auf ein Glas oder zwei ins Chez Jeannette – eine gute Idee! Das **Bar-Restaurant** trägt noch den Namen der ehemaligen Besitzerin. Jeannette hat ihr Schmuckstück in die Hände junger Leute gegeben, die an der alten Deko mit Kronleuchtern an der Decke und einer ehrwürdigen Tapete kaum etwas verändert haben. Chez Jeannette vereint seit einer gefühlten Ewigkeit ganz Paris!

47, Rue du Faubourg Saint-Denis, 75010 Paris · Metro: Château d'Eau · +33 1 47 70 30 89 · www.chezjeannette.com · Mo–Sa 8–2, So 9–2 Uhr

* La Cigale

Red Hot Chili Peppers, Coldplay, Iggy Pop und Franz Ferdinand sind nur ein paar der Künstler, die bereits im Cigale im Pariser Viertel Pigalle aufgetreten sind. Das Cigale ist ein beeindruckender Theatersaal, in dem regelmäßig **Konzerte** französischer und internationaler Bands stattfinden. Wie für ein Theater typisch, gibt es Balkone, von denen aus man eine tolle Sicht auf die Bühne hat.

120, Boulevard de Rochechouart, 75018 Paris · Metro: Pigalle · +33 1 49 25 89 99 · www.lacigale.fr · Eintritt: 17–50 €

* Le Comptoir Général

Der Ort am Canal Saint-Martin ist einzigartig. Unter hohen Decken fühlt man sich durch die zusammengesammelten Möbel wie auf dem Trödelmarkt, und die vielen grünen Pflanzen an den Wänden und der kleine Außengarten wecken ein gewisses Junglefeeling. An der Bar gibt es **exotische Cocktails** und in der oberen Etage einen kleinen Vintage-Shop. Der geringe Eintritt dient karitativen Zwecken.

80, Quai de Jemmapes, 75010 Paris • Metro: République, Goncourt • +33 1 44 88 24 48 • www.lecomptoirgeneral.com • Mo–So 11–1 Uhr • Eintritt: 2 €

✳ Le Coq

Angesagte Cocktailbar im Seventies Style. Als **»Retro-Chic«** bezeichnen die Besitzer ihre Bar und als wahre Alchimisten ihre begabten Cocktailmixer. Leckere Cocktails in coolem Ambiente garantiert! Unter Mädels sehr beliebt ist der rosafarbene Lipstick Rose Cocktail – unbedingt testen! Die Cocktails kosten zwischen 10 und 12 Euro.

12, Rue Château d'Eau, 75010 Paris • Metro: Jacques Bonsergent, République • +33 1 42 40 85 68 • www.barlecoq.com • Di–Sa 18–2 Uhr

✳ Le Dirty Dick

Cocktailbar in Pigalle, die passend zum Viertel einen eher anrüchigen Namen trägt. Aber keine Sorge, in der Bar erwartet Besucher keine erotische, sondern eine hawaiianisch angehauchte Stimmung mit Kellnern in Hawaiihemden, Bambushockern und einem an die Wand gemalten Sonnenuntergang. **Leckere Cocktailkarte** mit Rum in allen Variationen! Unbedingt den Punsch aus großen Muscheln testen!

10, Rue Frochot, 75009 Paris • Metro: Pigalle • Mo–So 18–2 Uhr

↑ *Bars wie das »Au Loup« sind ideal, um die Pariser Partynacht mit einem leckeren Cocktail oder schönen Wein zu beginnen.*

✳ L'inconnu

Tagsüber ein Café, abends eine Bar und donnerstags, freitags und samstags ab 23 Uhr ein Club! Im Gegensatz zum Namen der Bar ist diese nicht unbekannt, sondern unter Partygängern sehr geschätzt. Zum **Tanzen** eignet sich der coole Clubkeller hervorragend. Hier legen DJs Hip Hop und Elektrorock bis 2 Uhr in der Nacht auf.

17–19, Rue de Mazagran, 75010 Paris • Metro: Bonne Nouvelle, Strasbourg Saint-Denis • +33 1 45 23 95 37 • www.inconnu-bar.com • Di–Sa 17–2 Uhr

↑ *Zur Happy Hour kosten Cocktails in vielen Bars in Paris meist nur die Hälfte des regulären Preises. Na dann, Prost oder wie die Franzosen sagen: santé!*

✳ La machine du Moulin Rouge

In diesem **großen Nachtclub** direkt neben der bekannten roten Mühle des Moulin Rouge (S. 47) wird vorwiegend Elektro und Hip Hop gespielt. Der Club ist in drei Bereiche gegliedert: Er besitzt eine Konzerthalle, einen Club und eine amerikanische Bar. Für alle, die die Nacht durchtanzen möchten, bietet sich dieser Ort im sehr animierten Viertel Pigalle förmlich an.

90, Boulevard de Clichy, 75018 Paris • Metro: Blanche • +33 1 53 41 88 89 • www.lamachinedumoulinrouge.com • Fr–So 23.30–6 Uhr • Eintritt: frei oder 8–24 € je nach Event

✳ Olympia

Olympia ist die älteste noch aktive **Music Hall** von Paris. Viele große Stars von Edith Piaf und den Beatles bin hin zu Lady Gaga und den Rolling Stones sind hier bereits aufgetreten. Fast jeden Abend finden Auftritte französischer oder internationaler Stars statt. Tickets gibt es im Internet oder kurzfristig mit etwas Glück noch an der Abendkasse.

28, Boulevard des Capucines, 75009 Paris • Metro: Madeleine, Opēra • +33 8 92 68 33 68 • www.olympiahall.com • Eintritt: 22–102 €

✳ Les Parigots

In der Gegend um den Place de la Rēpublique liegt dieses kleine Bar-Restaurant mit typischem **Bistrocharakter**. Wer nur etwas trinken möchte, der kann sich an der Bar oder auf der süßen

Terrasse niederlassen. Zum Glas Wein empfiehlt sich eine leckere Platte mit Käse- oder Wurstspezialitäten. Diese nennt man im Französischen übrigens »planche«.

5, Rue du Château d'Eau, 75010 Paris • Metro: Jacques Bonsergent, République • +33 1 42 00 22 26 • www.lesparigots.fr • Mo–So 7–2 Uhr

✳ Point Ephémère

Der Point Ephémère ist **Club und Konzerthalle** in einem und besitzt eine schöne Terrasse direkt am Canal Saint-Martin. Das Programm wechselt zwischen Indie Rock, Pop, Elektro und Hip Hop. Neben einem Restaurant sind hier ein Tanzstudio, eine wechselnde Ausstellung und Aufnahmestudios untergebracht. Coole, ausgelassene Stimmung weitab vom Pariser Chic!

200, Quai de Valmy, 75010 Paris • Metro: Jaurès, Louis Blanc • +33 1 40 34 02 48 • www.pointephemere.org • Mo–Sa 12–2, So 12–21 Uhr • Eintritt: 13–20 €

✳ Le Prohibido

Kleine Bar in Montmartre mit tollem, günstigen Brunch »à volonté« am Sonntag. Die Bar ist eher einfach und nicht unbedingt sehr modern, aber die ausgelassene Stimmung und die günstigen Getränkepreise machen sie zu einem tollen Ausgehtipp! Bei gutem Wetter sitzen die Gäste auf den Gehwegen vor der Bar und trinken genüsslich ein Glas Wein oder Bier!

32, Rue Durantin, 75018 Paris • Metro: Abbesses • +33 1 42 23 97 05 • www.le-prohibido.advertory.fr • Mo–Fr 9.30–2, Sa–So 10–2 Uhr

Übernachten

Montmartre ist bei Touristen sehr beliebt. An seinen Hauptsehenswürdigkeiten wie der Basilika Sacré-Cœur (S. 50) und dem Künstlerplatz Place du Tertre (S. 50) ist oft richtig viel los. Montmartre hat abseits seiner bekannten Touristenattraktionen schöne Unterkünfte in ruhiger Lage zu bieten. Durch seine Vergangenheit als Künstlerviertel sowie mit den kleinen engen Pflastersteinstraßen und hübschen Häuschen versprüht Montmartre einen zauberhaften Charme. Wer etwas mehr Großstadtflair sucht, der kann sich ein Hotel nahe der Grands Boulevards oder auch am Canal Saint-Martin suchen.

✳ 9Hôtel Opéra

Das **Drei-Sterne-Designhotel** verfügt über 48 Einzel- und Doppelzimmern und liegt nahe der Grands Boulevards und der Galeries Lafayette (S. 53). Es ist durch seine Nähe zu zwei verschiedenen Metrostationen und dem Pariser Ost- und Nordbahnhof strategisch gut gelegen. In der Umgebung befinden sich viele Frühstücksmöglichkeiten für diejenigen, denen 15 Euro für das Frühstück im Hotel zu viel sind.

14, Rue Papillon, 75009 Paris • Metro: Cadet, Poissonnière • +33 1 47 70 78 34 • www.le9hotel.com • DZ: ab 115 €

✳ Le Grey Hôtel

Das Vier-Sterne-Hotel liegt unterhalb des Place de Clichy in einer ruhigen Seitenstraße. Es eignet sich prima für Entdeckungstouren durch das Viertel Montmartre. Das **Boutique Hotel** verfügt über 33 moderne und gepflegte Einzel-, Doppel- und Dreibettzimmer mit Klimaanlage. Es bietet seinen Gästen sowohl ein englisches als auch ein französisches Frühstück für 15 Euro pro Person.

12, Rue de Parme, 75009 Paris • Metro: Liège, Place de Clichy • +33 1 55 31 93 93 • www.legrey-hotel.com • DZ: ab 153 €

✳ Hôtel 29 Lepic

Das **Drei-Sterne-Hotel** liegt in der Rue Lepic, in der sich auch das bekannte Café der fabelhaften Amélie befindet. Die anschließende Rue des Abbesses ist sehr belebt und bietet zahlreiche Essens- und Ausgehmöglichkeiten an. Im Hotel warten 39 angenehme Einzel-, Doppel- und Dreibettzimmer mit kostenlosem WLAN auf Paris-Besucher. Das Frühstück kostet 12 Euro extra.

29, Rue Lepic, 75018 Paris • Metro: Abbesses, Blanche • +33 1 56 55 50 04 • www.29lepic.fr • DZ: ab 96 €

✳ Hôtel Arvor Saint Georges

Das Hotel befindet sich in einer ruhigen Nebenstraße des Place Saint-Georges, einer schönen Gegend von Paris. Die 30 geschmackvoll eingerichteten Doppelzimmer des Hotels bieten fast alle einen Blick auf die Dächer der Stadt, manche sogar auf den Eiffelturm. Frühstück gibt es für 14 Euro im Hotel oder in den Cafés und Bäckereien der nahegelegenen, bekannten Rue des Martyrs.

8, Rue Laferrière, 75009 Paris • Metro: Saint-Georges • +33 1 48 78 60 92 • www.hotelarvor.com • DZ: ab 100 €

✳ Hôtel des Arts

Kleines Hotel mitten in Montmartre mit sehr interessanten Preisen für Internetbuchungen und Aufenthalte von drei Tagen. Doppelzimmer sind dann schon zu sehr günstigen Preisen zu bekommen. Für französische Verhältnisse bietet das Hotel ein umfangreiches Frühstücksbuffet für 12 Euro an. Es liegt direkt an der Rue des Abbesses mit ihren vielen Cafés und Restaurants, die sich gut zum Essen- und Ausgehen eignen! Keine Parkmöglichkeiten!

5, Rue Tholozé, 75018 Paris • Metro: Abbesses, Blanche • +33 1 46 06 30 52 • www.arts-hotel-paris.com • DZ: ab 80 €

✳ Hôtel des Comédies

Strategisch gute Lage zwischen den Grands Boulevards und dem Nord- und Ostbahnhof. Das Hotel bietet seinen

Das Viertel Montmartre beherbergt viele kleine Hotels. Manche davon liegen nicht weit von dem bekannten Künstlerplatz Place du Tertre entfernt. Besonderes Flair garantiert! →

Gästen neben 35 modernen Zimmern für ein bis vier Personen auch eine Terrasse und kostenlosen Internetzugang. Die 13 Euro für das Frühstücksbuffet sind in Ordnung, denn die Auswahl ist für Pariser Frühstücke reichlich!

8, Rue d'Hauteville, 75010 Paris • Metro: Bonne Nouvelle • +331 47701949 • www.hoteldescome dies.com • DZ: ab 117 €

Hôtel Le Relais Montmartre

Das **Drei-Sterne-Hotel** verfügt über 26 kleine, mit Blumenmotiven eingerichtete Doppelzimmer inklusive kostenlosem Internetzugang. Es liegt nahe der Rue Lepic und der Rue des Abbesses, die sich zum Shoppen, Ausgehen und Essen prima eignen. Wer das 15 Euro teure Hotelfrühstück nicht bucht, kann in einer der zahlreichen Bäckereien des Viertels oder in einem hübschen Café frühstücken gehen. Nicht für die Anreise per Auto geeignet!

6, Rue Constance, 75018 Paris • Metro: Blanche • +33170642525 • www.hotel-relais-montmartre.com • DZ: ab 145 €

Hôtel Libertel Montmartre Duperre

Das Drei-Sterne-Hotel **unterhalb des Montmartre-Viertels** besitzt 52 sehr kleine Doppel- und Dreibettzimmer. Moulin Rouge und die bekanntesten Sehenswürdigkeiten von Montmartre sind bequem zu Fuß zu erreichen. Wer auf das typisch französische, eher leichte Frühstücksbuffet für 12 Euro im Hotel verzichten möchte, kann in umliegenden Cafés und Brasserien frühstücken.

32, Rue Duperré, 75009 Paris • Metro: Blanche, Pigalle • +33142815533 • www.hotel-montmartre-duperre.com • DZ: ab 100 €

Hôtel Square Caulaincourt

Für den kleinen Geldbeutel ist diese **Jugendherberge** ideal. Nicht weit von Sacré-Cœur (S. 50) entfernt, bietet das Hostel Privat- und Mehrbettzimmer, manche sogar mit eigenem Bad. Wer sein eigenes Handtuch haben will, der sollte etwas Platz im Koffer lassen, da man diese im Square Hostel nur mieten kann. Dafür werden WLAN, Tageszeitungen und Stadtkarten umsonst angeboten.

Geht gar nicht

Wer günstige Unterkünfte außerhalb des Stadtzentrums sucht, sollte den Norden der Stadt oberhalb der Metrostation Barbès-Rochechouart und die darüber liegenden Vororte meiden! Hohe Kriminalität und unsicheres Gefühl!

2, Square Caulaincourt, 75018 Paris • Metro: Lamarck-Caulaincourt • +33 1 46 06 46 06 • www.caulaincourt.com • DZ: ab 29 €

✳ Le Marcel Hôtel

Das moderne, sehr **angenehme Vier-Sterne-Hotel** ist ideal für einen Städtetrip mit dem Zug nach Paris. Denn es liegt direkt am Gare de l'Est und nicht weit vom Gare du Nord entfernt. Das Marcel Hôtel verfügt über 28 moderne, saubere Doppelzimmer mit Klimaanlage und Flachbildfernseher. Das Frühstücksbuffet kostet 15 Euro pro Person. Super Anbindung an die öffentlichen Verkehrsmittel. Zimmer Richtung Innenhof bevorzugen!

11, Rue du 8 Mai 1945, 75010 Paris • Metro: Gare de l'Est • +33 1 73 03 22 22 • www.lemarcelhotel.com • DZ: ab 100 €

✳ Les Plumes Hôtel Paris

Mitte 2013 neu eröffnetes Vier-Sterne-Hotel mit 35 Doppelzimmern und Suiten **in zentraler Lage** mit zahlreichen Cafés, Bars und Restaurants in nächster Nähe. Kostenloses WLAN inklusive, Frühstück gibt es für 15 Euro extra. Die belebte Rue des Martyrs ist nur ein paar Gehminuten vom Hotel entfernt, genauso wie zwei Metrostationen.

↑ *Ein schöner Schnappschuss aus dem Viertel Montmartre: Die Laterne ist typisch für das ehemalige kleine Dorf vor den Toren der Stadt Paris.*

10, Rue Lamartine, 75009 Paris • Metro: Cadet, Notre-Dame-de-Lorette • +33 1 55 07 88 00 • www.lesplumes-hotel.com • DZ: ab 124 €

✳ Rēpublique Hôtel

Das Zwei-Sterne-Haus bietet unschlagbar günstige Preise für Doppelzimmer. **Sympathisches kleines Hotel** mit Zimmern, die im Pop-Art-Stil eingerichtet sind. Das Frühstücksbuffet für 8 Euro pro Person ist eines der günstigsten der Stadt. Das Hotel bietet eine gute Lage in unmittelbarer Nähe zu Metrostationen sowie kostenloses WLAN.

31, Rue Albert Thomas, 75010 Paris • Metro: Rēpublique • +33 1 42 39 19 03 • www.republiquehotel.fr • DZ: ab 79 €

Der Westen

Mit einem beeindruckenden Blick vom Wahrzeichen der Stadt und einer prächtigen Avenue, die Paris-Besucher magisch anzieht

Paris ist weltbekannt. Meist wird die Stadt an der Seine mit ihrem schönen Beinamen als Stadt der Liebe oder ihrem imposanten Wahrzeichen, dem Eiffelturm (S. 81), in Verbindung gebracht. Dank einiger glücklicher Umstände können Touristen aus aller Welt den Eiffelturm auch heute noch in seiner vollen Pracht bewundern.

Neben dem Tour Eiffel liegt im Westen der Stadt die ebenso bekannte Avenue des Champs-Elysées (S. 81). Auf knapp zwei Kilometern Länge eignen sich die »Champs«, wie sie von Franzosen liebevoll genannt wird, zum Spazierengehen, Staunen und Entdecken. Sie verbindet den Arc de Triomphe (S. 80), den Napoleon für seine siegreichen Truppen errichten ließ, mit dem Place de la Concorde (S. 85), der während der Französischen Revolution für seine Guillotine berühmt-berüchtigt gewesen ist. Im Winter steht dort das Grande Roue de Paris, das hell erleuchtete Pariser Riesenrad, das den Abschluss der weihnachtlich geschmückten Champs-Elysées bildet.

Im westlichen Teil der Stadt befindet sich außerdem der Elysée-Palast (S. 84), der Sitz des französischen Präsidenten, sowie einer der größten Parks von Paris, der Bois de Boulogne. Nicht nur das Pariser Stadtzentrum macht aufgrund seiner beiden Inseln von sich reden. Auch im Westen der Stadt wird die Seine durch eine kleine, langgezogene Insel geteilt, die Île aux Cygnes (Schwaneninsel). Auf ihr steht in Miniaturausgabe die Freiheitsstatue von New York, die Richtung Westen zu ihrer großen Schwester schaut.

Das 16. Arrondissement gilt als Wohn- und Villenviertel, in dem mitunter die teuersten Wohnungen der Stadt zu finden sind. Es beherbergt im Bois de Boulogne einen Campingplatz, ein Hippodrome und die Tennisplätze für das Pariser Tennisturnier »Roland Garros«. Abgesehen von diesem Arrondissement ist der Westen der Stadt zum Shoppen und Ausgehen, aber auch zum Sightseeing und Übernachten prima geeignet.

Pont de Neuilly
Les Sablons
Pte. Maillot
Argentine
Av. Pte. de Champerret
Pereire
Ch. de Gaulle-Etoile
Pte. Dauphine
Victor Hugo
Kléber
Boissière
Iéna
Av. H. Martin
Pompe
Trocadéro
Muette
Passy
Ranelagh
Bir Hakeim
Dupleix
Jasmin
Pte. d'Auteuil
Michel Ange Auteuil
Eglise d'Auteuil
Mirabeau
Javel-André Citroën
Charles Michels
Commerce
Michel Ange Molitor
Chardon Lagache
Exelmans
Félix Faure
La Villa des Ternes
Les Jardins de la Villa
Le Dada
Saveurs & Co
Sir Winst
Cojean
L'Aquarium
Musée du Quai Branly
Eiffelturm
Paul & Joe Sister
L'Entrepôt
Aéro Café
Musée du Vin
Crêperie Chez Yannick
Maison de Balzac
Pont de Bir-Hakeim
Beaugrenelle
Hollister
Centre commercial Beaugrenelle
Passage Bleu
Japan Daily
Exposition Tour Eiffel
San Marina
Queen's Hotel
Charlie Birdy
Parc André Citroën
Au Trinquet
Best Western Hotel Porte de Versailles
Oceania Porte De Versailles
Jardin d'Acclimatation
Mare Saint James
Pelouse de la Muette
Lac Inférieur
Lac Supérieur
Jardins du Trocadéro
Maison de Radio France
Seine
Avenue Charles de Gaulle
Boulevard Maurice Barrès
Boulevard Maillot
Av. de la Grande Armée
Avenue Foch
Avenue du Maréchal Fayolle
Avenue Henri Martin
Avenue Georges Mandel
Avenue de New York
Av. du Président Kennedy
Avenue de Versailles
Avenue Emile Zola
Rue de la Convention
Avenue Mozart
Boulevard Suchet
Allée de Longchamp
Place du Trocadéro et du 11 Novembre
Pl. Charles de Gaulle
Pl. des Etats-Unis
Place de Colombie

Kultur
Shopping
Restaurant
Wellness
Ausgehen
Übernachten
0
300 m
Source Hotel
Anne et Marion
Glamour Beauty Bar
3 Pièces Cuisine
Undiz
Darcet
Elysees Opera
Parc de Monceau
Agatha
Queen Club
Regine's
Chez Boris St Honoré
Le Schmuck
Mellow Yellow
Sephora
Espace Weleda
Le Boudoir
Villa Spicy
Banana Republic
Palais de Élysée
Le Club 79
Buddha Bar
Le Baron
Grand Palais
Petit Palais
Place de la Concorde
En attendant Rosa
Boulangerie Pariseven
Kiehl's
Les petites
Bérêncie
Culture Of Color
Mademoiselle Bio
Café Central
Hôtel des Invalides
Musée Rodin
Compose
Xia
Les Nuits Des Thés
Mix Club
Hôtel du Home Moderne
River's King
Wagram
Malesherbes
Monceau
Villiers
Rome
Pl. de Clichy
Liège
Europe
Courcelles
St Lazare
St Augustin
Miromesnil
Chaussée d'Antin
Richelieu Drouot
Opéra
Madeleine
Quatre Septembre
Franklin-D. Roosevelt
Champs Elysées Clémenceau
Concorde
Pyramides
Alma-Marceau
Tuileries
Palais Royal Musée du Louvre
Gare des Invalides
Invalides
Assemblée Nationale
Louvre-Rivoli
Solférino
La Tour Maubourg
Varenne
Rue du Bac
St Germain des Prés
Ecole Militaire
Mabillon
Odéon
Sèvres Babylone
St Sulpice
St François Xavier
Vaneau
Rennes
Ségur
Duroc
St-Placide
Notre Dame des Champs
Sèvres Lecourbe
Falguière
Montparnasse Bienvenue
Pasteur
Vavin
Seine
Jardin des Tuileries
Jardin du Luxembourg
Avenue des Champs Elysées
Quai d'Orsay
Quai des Tuileries
Quai Anatole France
Boulevard Haussmann
Bd. Malesherbes
Bd. du Montparnasse

Kultur

Die meistbesuchten Sehenswürdigkeiten von Paris sind Notre-Dame (S. 14), Sacré-Cœur (S. 50) und das Musée du Louvre (S. 15). An vierter Stelle folgt der Eiffelturm (S. 81) mit jährlich sieben Millionen Besuchern. Da fast jeder Paris-Besucher gerne einmal auf den Eiffelturm möchte, sollte für den Besuch des Pariser Wahrzeichens ausreichend Zeit eingeplant werden. Die Warteschlangen sind gerade in den Sommermonaten wahnsinnig lang! Neben dem imposanten Werk von Gustave Eiffel stellt die prächtige Champs-Elysées (S. 81) einen weiteren Höhepunkt des Pariser Westens dar. Besonders beeindruckend sind die sternenförmig abgehenden Boulevards auf dem Place de l'Étoile, die von der Aussichtsplattform des Triumphbogens (S. 80) sehr gut zu sehen sind.

* Arc de Triomphe

Der berühmte Triumphbogen wurde im Jahr 1806 von Napoleon Bonaparte nach der Schlacht von Austerlitz in Auftrag gegeben, aber erst 1836 vollendet. Die siegreichen französischen Truppen kehrten durch diesen **Triumphbogen** heim: Die monumentalen Reliefs an den Laibungen des imposanten Bauwerks zeugen von dem Selbstverständnis der Grand Nation. Unter dem Arc de Triomphe befindet sich das Grab des unbekannten Soldaten als Symbol für alle Kriegsgefallenen des Ersten Weltkriegs. Jeden Tag wird hier um 18.30 Uhr die ewige Flamme aufs Neue entfacht.

Place Charles de Gaulle, 75008 Paris • Metro: Charles de Gaulle Étoile • +33 1 55 37 73 77 • www.arc-de-triomphe.monuments-nationaux.fr • 1. April–30. Sept. Mo–So 10–23, 1. Okt.–31. März 10–22.30 Uhr • Eintritt zum angeschlossenen Museum und der Aussichtsplattform: 9,50 €

Don't miss

Kleiner Tipp: Wer auf der offiziellen Webseite des Eiffelturms kein Ticket mehr bekommen hat, der kann zu Fuß bis in die zweite Etage laufen. Dort gibt es Kassen und Automaten für den letzten Aufzug in die dritte Etage.

✳ Bibliothèque Nationale de France

Die Nationalbibliothek wurde 1996 auf Initiative des ehemaligen französischen Präsidenten François Mitterrand eröffnet. Sie befindet sich in vier »L«-förmigen Hochhäusern, die aufgeschlagene Bücher symbolisieren. Die **Bibliothek**, die abgekürzt auch BNF genannt wird, ist eine Universalbibliothek mit etwa 30 Millionen Büchern und Dokumenten und einer digitalisierten Bibliothek.

Quai François Mauriac, 75013 Paris • Metro: Bibliothèque François Mitterrand • +33 1 53 79 59 59 • www.bnf.fr

✳ Champs-Elysées

Die knapp zwei Kilometer lange **Prachtstraße** führt vom Arc de Triomphe zum Place de la Concorde (S. 86). Sie beherbergt zahlreiche Geschäfte, Kinos und Restaurants. Die Champs-Elysées liegt auf der historischen Achse von Paris, die das Geschäftsviertel La Défense mit dem Musée du Louvre (S. 14) verbindet. Die legendäre »Tour de France« endet jedes Jahr auf der Champs-Elysées.

Champs-Elysées, 75008 Paris • Metro: Concorde, Charles de Gaulle Étoile • www.champselysees.org

✳ Eiffelturm

Der Eiffelturm ist inklusive Antenne 325 Meter hoch und war bis 1930 das höchste Bauwerk der Welt. Der nach seinem Erbauer Gustave Eiffel benannte **Eisenfachwerkturm** wurde 1889 als Eingangstor zur Pariser Weltausstellung errichtet und sollte ursprünglich nach 20 Jahren wieder abgebaut werden. Da er nach Ablauf der Genehmigung anderweitig, unter anderem als Funk- und Radiostation, genutzt wurde, sah man von seinem Abbau ab. Um lange Warteschlangen zu vermeiden, ist es ratsam, sich ein Onlineticket zu sichern! Der Eiffelturm steht auf den Champs de Mars, einem großen Grünflächenareal, das zum Schlendern und Ausruhen einlädt.

Das Wahrzeichen der Stadt inmitten einer Häuserschlucht. Groß und mächtig wirkt der Eiffelturm mit seinen 325 Metern. →

5, Avenue Anatole France, 75007 Paris • Metro: Bir-Hakeim, Trocadéro • +33 8 92 70 12 39 • www.tour-eiffel.fr • 15. Juni–1. Sept.: 9–24, Sept.–Juni 9.30–23 Uhr • Eintritt: Lift bis zur 2. Etage: 8,50 €, Lift bis zur 3. Etage: 14,50 €, zu Fuß bis zur 2. Etage: 5 €

✳ Grand Palais und Petit Palais

Der Grand und Petit Palais sind zwei ehemalige **Ausstellungshallen** der Pariser Weltausstellung von 1900. Der Grand Palais wird für Retrospektiven von renommierten Künstlern genutzt. Chanel zeigt hier zwei Mal im Jahr seine jeweils aktuelle Laufstegkollektion und manchmal befindet sich im Winter unter einer beeindruckenden Glaskuppel eine riesige Eislauffläche. Das Petit Palais beherbergt das Musée des Beaux-Arts de la Ville de Paris mit einem hübschen Café im Innenhof.

Grand Palais: 3, Avenue du Général Eisenhower, 75008 Paris • Metro: Champs-Elysées-Clémenceau, Franklin D. Roosevelt • +33 1 44 13 17 17 • www.grandpalais.fr • Eintritt: 11–13 €
Petit Palais: Avenue Winston Churchill, 75008 Paris • Metro: Champs-Elysées-Clémenceau • +33 1 53 43 40 00 • www. petitpalais.paris.fr • Di–So 10–18, Do bis 20 Uhr • Eintritt: frei

✳ Hôtel des Invalides

Das Hôtel des Invalides mit seiner beeindruckenden goldenen Kuppel ist in der zweiten Hälfte des 17. Jahrhunderts unter der Herrschaft des Sonnenkönigs Ludwig XIV. errichtet worden. Damals und heute diente es als **Heim für Kriegsversehrte**. Die Anlage des Hôtels des Invalides beherbergt außerdem mehrere Museen sowie die Cathédrale Saint-Louis-des-Invalides (Soldatenkirche) und die Église de Dôme mit dem Grab von Napoleon Bonaparte.

129, Rue de Grenelle, 75007 Paris • Metro: Invalides, La Tour-Maubourg, Varenne • www.invalides.org • 1. April–31. Okt. Mo–So 10–18, 1. Nov.–31. März Mo–So 10–17 Uhr • Eintritt: 9,50 €

Geht gar nicht

Am 14. Juli, dem französischen Nationalfeiertag, ist es am Eiffelturm brechend voll. Nicht für Menschen mit Platzangst geeignet! Auch von woanders ist das Feuerwerk sehr gut zu sehen!

✳ Maison de Balzac

Im Herzen des Stadtteils Passy befindet sich das einzige Wohnhaus des Schriftstellers Honoré de Balzac in der Pariser

Region, das heute noch erhalten ist. Balzac lebte zwischen 1840 und 1847 in diesem Haus, in dem er einige seiner bekanntesten Romane schrieb. Die ehemalige **Wohnung Balzacs** in der dritten Etage mit ihren über fünf Zimmern sowie einem Zugang zum Garten kann besichtigt werden. 1949 erwarb die Stadt Paris das Maison de Balzac und richtete hier ein Museum ein.

47, Rue Raynouard, 75016 Paris • Metro: Passy • +33 1 55 74 41 80 • www.paris.fr • Di–So 10–18 Uhr • Eintritt: frei

⚹ Musée Rodin

Das Museum stellt seit 1919 die Werke des französischen Bildhauers Auguste Rodin aus, von denen das bekannteste »Der Denker« ist. Darüber hinaus beherbergt das Museum Werke seiner langjährigen Geliebten, der Bildhauerin Camille Claudel und Stücke aus seiner privaten Sammlung, unter anderem von Vincent van Gogh. Das **Museum** befindet sich in einem ehemaligen Stadtpalast, der aus dem 18. Jahrhundert stammt, und besticht durch seinen majestätischen Garten.

79, Rue de Varenne, 75007 Paris • Metro: Varenne • +33 1 44 18 61 30 • www.musee-rodin.fr • Di–So 10 bis 17.45 Uhr • Eintritt ins Museum: 6 €, Eintritt zum Garten: 1 €

↑ *»Der Denker«, das wohl bekannteste Werk von Auguste Rodin, ist im Garten des Musée Rodin neben vielen anderen Werken des Künslers zu sehen.*

⚹ Musée du Quai Branly

Das nationale Museum für **außereuropäische Kunst** zeigt Objekte wie etwa Masken, Kleidung, Musikinstrumente oder Schmuckgegenstände aus Ozeanien, Asien, Afrika und Amerika. Sowohl die Ausstellung als auch das Gebäude des Museums mit seiner grünen Pflanzenwand sind einen Besuch wert. Der schön gestaltete Garten des Museums bietet einen direkten Blick auf den Eiffelturm.

37, Quai Branley, 75007 Paris • Metro: Alma-Marceau, RER Pont de l'Alma • +33 1 56 61 70 00 • www.quaibranly.fr • Di, Mi, So 11–19, Do–Sa 11–21 Uhr • Eintritt: 8,50 €

Musée du Vin

Das **Weinmuseum** befindet sich in einem ehemaligen, jahrhundertealten Steinbruch. Das Gebäude wurde im 15. Jahrhundert errichtet. Es zeigt in einem urigen Ambiente zahlreiche Ausstellungsstücke rund um Weinanbau, Weinherstellung und die damit verbundenen Berufe wie beispielsweise der des Fassbinders. Im Museum befindet sich zudem ein kleines Restaurant.

5, Square Charles Dickens, 75016 Paris • Metro: Passy • +33 1 45 25 70 89 • www.museeduvinparis.com • Di–So 10–18 Uhr • Eintritt: 9,90 € inkl. einem Glas Wein

↓ *Der Grand Palais wurde zur Weltausstellung von 1900 erbaut. In diesem Jahr wurde auch die erste Pariser Metrolinie in Betrieb genommen.*

Palais de l'Élysée

Der Elysée-Palast ist seit 1873 der offizielle Amtssitz des französischen Präsidenten. 1963 haben Konrad Adenauer und General de Gaulle im Elysée-Palast den Elysée-Vertrag unterschrieben. Die Gärten des **Palastes** können ganzjährig jeden letzten Sonntag im Monat besichtigt werden. Es lohnt sich!

55, Rue du Faubourg Saint-Honoré, 75008 Paris • Metro: Miromesnil • +33 1 42 92 81 00 • www.elysee.fr • Okt.–März 12–17, April–Sept. 13 bis 19 Uhr • Eintritt: frei

Parc André Citroën

Der Park André Citroën liegt seit 1992 auf dem 24 Hektar großen Gelände einer früheren Citroën-Automobilfabrik. Er ist in verschiedene Bereiche untergliedert. Neben einer riesigen Grünfläche, beeindruckt der **zauberhafte Park** mit seinen wunderschönen Wasserspielen und exotischen Pflanzen und Bäumen. Im Park befindet sich außerdem ein Fesselballon. Er steigt 150 Meter in die Höhe und wird als Wetterstation und Aussichtsplattform genutzt.

2, Rue Cauchy, 75015 Paris • Metro: Javel-André-Citroën, RER Javel • www.paris.fr • variierende Öffnungszeiten, daher Website checken

! Der Eiffelturm – eine strahlende Schönheit

Nachdem der Eiffelturm anfänglich wenig Begeisterung hervorrief und nach 20 Jahren wieder abgebaut werden sollte, weiß man das Wahrzeichen der Stadt heute sehr zu schätzen. Der Turm ist mit 324 Metern das höchste Gebäude der Stadt und gilt als meistbesuchtes Wahrzeichen der Welt. Jedes Jahr zieht das Bauwerk sieben Millionen zahlende Besucher an. Kein Wunder, dass das Monument gehegt und gepflegt wird. Schon sein Erbauer Gustave Eiffel war der Meinung, dass vor allem Farbe zur Erhaltung seines Werkes beitragen würde. Deswegen wird der Eiffelturm regelmäßig gestrichen.

Alle sieben Jahre rückt ein Streichkommando an. Es benötigt 18 Monate, um dem Eiffelturm ein frisches Aussehen zu verpassen. Hierbei wird in schwindelerregender Höhe zunächst der fiese Taubendreck abgekratzt und ein Antirostschutz in zwei Schichten appliziert.

Anschließend werden ganze 60 Tonnen Farbe auf die Streben und Nieten des Turmes aufgetragen. Die Farbe des Eiffelturms, ein Bronzebraun, ist rechtlich geschützt und wird ausschließlich für den Tour Eiffel in drei verschiedenen Nuancen hergestellt. Die hellste für die Spitze, die dunkelste für unten, sodass die Farbe möglichst einheitlich wirkt.

↑ *Nahaufnahme des Brunnens auf dem Place de la Concorde. Aufgrund seiner Schönheit und seiner Größe zählt der Platz zu den fünf Königsplätzen von Paris.*

⚹ Parc Monceau

Der Parc Monceau liegt nördlich der Champs-Elysées. Er wurde 1769 als **englischer Landschaftsgarten** vom Grafen von Orléans angelegt. 1860 erwarb die Stadt Paris den Park und reduzierte seine riesige Grünfläche, um Wohnhäuser zu bauen. Ein Teil des Parks wurde unter Baron Haussmann als grüne Oase beibehalten. Heute ist der Park Monceau ein beliebtes Ausflugsziel für Familien mit Kindern.

35, Boulevard de Courcelles, 75008 Paris · Metro: Monceau · +33 1 42 27 39 56 · www.paris.fr · Mo–So 7–20, im Sommer bis 22 Uhr

⚹ Place de la Concorde

Der Place de la Concorde wurde 1792 während der Französischen Revolution in Place de la Révolution umbenannt. Innerhalb von zweieinhalb Jahren wurden hier über 1000 Menschen guillotiniert, darunter auch die Königin Marie Antoinette. Der Place de la Concorde zählt zu den **Königsplätzen** von Paris. Auf ihm stehen seit 1836 ein ägyptischer Obelisk aus Luxor sowie zwei Brunnen und mehrere Frauenstatuen.

Place de la Concorde, 75008 Paris · Metro: Concorde · www.paris.fr

⚹ Pont de Bir-Hakeim

Die zu Beginn des 20. Jahrhunderts, komplett aus Eisenstahl erbaute Pont de Bir-Hakeim ist eine von insgesamt 37 **Seine-Brücken**, die über die Île aux Cygnes vom 15. in das 16. Arrondissement führt. Sie ist außergewöhnlich, da sie zwei Etagen besitzt und sowohl mit dem Auto oder zu Fuß als auch mit der Metro überquert werden kann. Von der Pont de Bir-Hakeim bietet sich den Überquerenden ein toller Blick auf den Eiffelturm.

Pont de Bir-Hakeim, 75015 Paris · Metro: Passy, Bir-Hakeim · www.paris.fr

Paris bietet seinen Besuchern durch besondere Lichtverhältnisse Gelegenheit für außergewöhnliche Schnappschüsse!

Shopping

Jedes der 20 Pariser Arrondissements hat angesagte Läden, luxuriöse Designerboutiquen und international bekannte Marken für ausgiebige Shoppingtouren zu bieten. Auch im Westen der Stadt kommen Shoppingfans voll auf ihre Kosten. Von Montag bis Samstag haben die Geschäfte in Paris in der Regel von 10 bis 20 Uhr geöffnet. Sonntag ist normalerweise Ruhetag. Von der Regel ausgenommen sind touristische Pariser Gegenden wie beispielsweise am Eiffelturm (S. 81) oder auf der Champs-Elysées (S. 81). Dort sind die Läden am Sonntag ganz normal geöffnet. Sie eignen sich daher bestens für Schaufensterbummel am Wochenende oder für einen Besuch bekannter Marken wie Abercrombie & Fitch, die es nur auf der Champs-Elysées gibt.

✳ Agatha

Agatha vereint **coolen Modeschmuck** mit relativ günstigen Preisen. In den Boutiquen der Marke kann man angesagte Uhren, moderne Armbänder, kurze und lange Halsketten, aber auch ausgefallene Ringe, Ohrringe und Charms kaufen. Die wechselnden Themenkollektionen machen Agatha zu einem beliebten Spot der Fashionistas.

26, Avenue des Champs-Elysées, 75008 Paris • Metro: George V • +33 1 43 59 68 68 • www.agatha.fr • Mo–Sa 10–20, So 10.30–20 Uhr

✳ Anne et Marion

Anne et Marion ist eine hübsche **kleine Boutique** mit ausgefallenen und angesagten Kleidungsstücken wie eleganten Mänteln und Frenchy-Blusen. Hippe Accessoires wie Portemonnaies, Taschen, Gürtel und eine große Auswahl an bunten Tüchern und Schmuck komplettieren das Angebot dieses sehr empfehlenswerten Ladens.

58, Rue des Dames, 75017 Paris • Metro: Rome • +33 1 42 93 33 19 • www.anneetmarion.com • Di–Sa 10.30–19.30 Uhr

✳ Banana Republic

Die erste Banana-Republic-Boutique Frankreichs befindet sich seit 2011 auf der Champs-Elysées. Der amerikanische Mega-Brand steht für **Casual Chic** zu moderaten Preisen. Die riesige Boutique ist aufgrund ihrer stylishen Einrichtung mit Marmorböden, einer beeindruckenden Treppe sowie einem Aufzug im Retro-Stil auf alle Fälle einen Besuch wert!

22, Avenue des Champs-Élysées, 75008 Paris • Metro: Franklin D. Roosevelt • +33 1 53 89 03 92 • www.bananarepublic-france.fr • Mo–Sa 10–22, So 11–21 Uhr

Berenice

Eine tolle Marke, die unter jungen modebewussten Französinnen sehr beliebt ist. Woran man die Marke erkennt? Ganz einfach: An den Engelsflügeln, mit denen der Designer seine Stücke wie Pullover, T-Shirts und Strickjacken brandet. Lässige **Bourgeoisie-Mode** zu erschwinglichen Preisen, crazy und smart zugleich.

91, Rue Saint-Dominique, 75007 Paris • Metro: École Militaire, La Tour-Maubourg • +33 1 45 51 12 01 • www.berenice.net • Mo–Fr 10–19, Sa 10–19.30 Uhr

Centre commercial Beaugrenelle

Nigelnagelneue **Shoppingmall** mit 120 Geschäften. Das Center ist in drei Ebenen untergliedert. Es gibt hier einen Shoppingbereich mit zahlreichen Stores angesagter Marken wie Hollister und Marks & Spencer, einen Freizeitbereich mit 14 Restaurants und zehn Kinosälen sowie eine Ebene mit vielen kleineren Geschäften. Die beiden modernen Glasgebäude der Mall sind durch eine gläserne Brücke verbunden.

12, Rue Linois, 75015 Paris • Metro: Charles Michels • +33 8 00 94 17 11 • www.beaugrenelle-paris.com • Mo–Sa 10–21 Uhr

L'Entrepôt

Was für eine geniale Entdeckung! Der **Concept Store** befindet sich in einem zweigeschossigen 600 Quadratmeter großen Loft mit beeindruckender gläserner Dachkonstruktion aus dem 19. Jahrhundert. Eine tolle Schatzkiste, denn neben Geschenken, Dekoartikeln und Möbeln gibt es eine riesige Auswahl an Vintage-Kleidung. Hierzu zählen zum Beispiel Pelzmäntel, Schuhe und Oberteile. Besonders toll ist die große Taschenkollektion!

50, Rue de Passy, 75016 Paris • Metro: Muette, Passy • +33 1 45 25 64 17 • www.lentrepot.com • Mo–Sa 10.30–19 Uhr

Hollister

Hollister ist eine bekannte **kalifornische Klamottenmarke**, die seit ein paar Jahren auch den europäischen Kontinent erobert – mit Erfolg! Vor allem Jugendliche zwischen 14 und 18 Jahren kaufen trendige Kleidung in den Geschäften der

Marke, deren Aufmachung an lässige kalifornische Surferläden erinnert. Die Verkäufer sehen zum Anbeißen aus und Parfüm liegt in der Luft.

12, Rue Linois, 75015 Paris · Metro: Charles Michels · +33 1 45 75 02 82 · www.hollisterco.com · Mo–Sa 10 bis 21 Uhr

✳ Massimo Dutti

Die spanische Marke Massimo Dutti gehört zu demselben **Modeimperium** wie die Stores von Zara. Ihre Kollektionen bewegen sich in einer mittleren bis hohen Preisklasse. Von bequemer Alltagskleidung bis hin zu Kleidungsstücken für schicke Anlässe mit passenden Accessoires hat diese Boutique eine ganze Menge zu bieten!

116, Avenue des Champs-Élysées, 75008 Paris · Metro: George V · +33 1 53 76 88 50 · www.massimodutti.com · Mo–Do 10–21.30, Fr–Sa 10–22, So 11–21 Uhr

Geht gar nicht

Touristen werden auf der Champs-Elysées des Öfteren von Personen angesprochen, die ihnen Geld in die Hand drücken, um bei Louis Vuitton teure Taschen und Portemonnaies für sie zu kaufen! Einfach ignorieren! Denn das geht nicht mit rechten Dingen zu.

✳ Mellow Yellow

Das Schuhgeschäft ist schön dekoriert und modisch eingerichtet. Sein buntes Sofa lädt zum ausgiebigen Probieren der aktuellen **Schuhkollektion** ein. Von sexy Stiefeln über klassische Pumps und farbige Ballerinas bis hin zu Boots und Stiefeletten hält dieser Laden für jeden etwas bereit. Farblich passende Taschen und Tücher inklusive!

105, Rue du Faubourg Saint-Honoré, 75008 Paris · Metro: Saint-Philippe-du-Roule · +33 1 45 61 13 92 · www.mellowyellow.fr · Mo 11–19, Di–Sa 10.30–19 Uhr

✳ Paul & Joe Sister

Die Marke ist nach den beiden Söhnen der Designerin benannt. Paul & Joe Sister ist eine Kollektion für junge Frauen, die nach frischer, verspielter **Bohemian-Mode** suchen. Von süßen Kleidern, über tolle Mäntel und knackige Jeans bietet dieses Label auch modische Accessoires wie Handtaschen und Schuhe an, um das gewählte Outfit zu komplettieren!

54, Rue de Passy, 75016 Paris · Metro: La Muette · +33 1 45 25 57 96 · www.paulandjoe.com · Mo–Sa 10–19 Uhr

✳ Les Petites

Zeitlose Basics, qualitativ **hochwertige Kleidung** und kräftige Farben, all das macht diese Marke aus. Den Machern zufolge ist ihre Mode weltoffen, sinnlich und chic zugleich. Wer also ein schönes, zeitloses und hochwertiges Teil sucht, das nicht unbedingt jeder Zweite auf der Straße trägt, ist hier genau richtig!

115, Rue Saint-Dominique, 75007 Paris • Metro: École Militaire, La Tour-Maubourg • +33 1 53 59 83 01 • www.lespetites.fr • Mo–Sa 10.30–19 Uhr

✳ Sephora

Der größte **Beautytempel** der Marke Sephora befindet sich auf der Champs-Elysées. Hier gibt es mehr als 250 Marken und 16 000 Artikel. Parfüm, Kosmetik und Körperpflegeprodukte so weit das Auge reicht! Sephora bietet außerdem Maniküre, Augenbrauenzupfen und Schminktipps an. Ideal für ein kostenloses Party-Make-up mit Smokey Eyes für den Abend!

70–72, Avenue des Champs-Elysées, 75008 Paris • Metro: Franklin D. Roosevelt, George V • +33 1 53 93 22 50 www.sephora.fr • Mo–So 10–20.30 Uhr

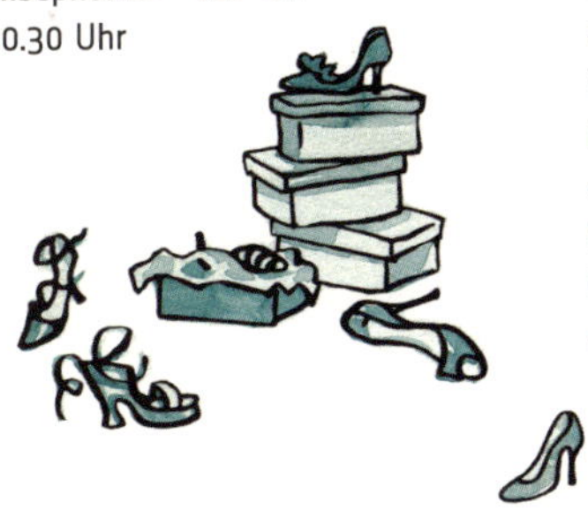

↑ *Paris ist ein wahres Shoppingparadies. Bei »Mellow Yellow« sind die Schuhe wie ausgefallene Accessoires in den Regalen drapiert. So french!*

✳ Undiz

Ein tolles Konzept! Hippe Dessous zu günstigen Preisen. Undiz mixt Farben, Stoffe und Motive und stellt dadurch ausgefallene, bunte, nie langweilige **Dessous** her. Alle zwei Wochen kommt eine brandneue limitierte Kollektion mit verschiedenen Ober- und Unterteilen, Homewear und Shorts auf den Markt. Vorbeischauen lohnt sich daher immer!

8, Rue de Levis, 75017 Paris • Metro: Villiers • +33 1 55 06 11 96 • www.undiz.com • Mo–Sa 10–19 Uhr

Restaurants & Cafés

Der Westen von Paris hält wie alle anderen Pariser Stadtteile kulinarische Höhepunkte bereit. Neben traditionellen Brasserien und typischen Pariser Cafés, zeichnet sich dieser Teil der Stadt durch eine große Anzahl an Restaurants und Snacks to go aus, von denen viele auf eine gesunde und ausgewogene Ernährung ihrer Gäste achten. Neben typischer French Cuisine bieten die Arrondissements im Westen der Stadt viel internationale Küche aus verschiedenen Ländern an. Eine ideale Möglichkeit für kulinarische Neuentdeckungen! Wer sich etwas zu Essen mitnimmt, kann sich bei schönem Wetter zum Beispiel auf den Champs de Mars niederlassen, genüsslich speisen und den beeindruckenden Blick auf den Eiffelturm genießen. Bon appétit!

✳ Le Boudoir

Das Restaurant mit eigener Weinbar liegt nahe der Champs-Elysées. Es besticht durch sein angenehmes Design und die nette Atmosphäre. Gute **frische Speisen** zu überdurchschnittlichen, aber angemessenen Preisen.

25, Rue du Colisée, 75008 Paris • Metro: Franklin D. Roosevelt • +331 43 59 25 29 • www.boudoirparis.fr • Mo–Sa 11–2 Uhr • Hauptgericht: ab 30 €

✳ Chez Boris

Nicht weit von der Champs-Elysées entfernt, liegt Chez Boris, ein Restaurant, das sich bereits im Süden Frankreichs einen Namen gemacht hat. Chez Boris ist Spezialist, was hochwertiges Rindfleisch anbelangt. Die Qualität der **Steaks** ist spitze und die Teller sind sehr gut bestückt.

129, Rue du Faubourg Saint-Honoré, 75008 Paris • Metro: Saint-Philippe-du-Roule • +33 1 43 59 35 39 • www.chezboris.com • Mo–So 7–1 Uhr • Hauptgericht: ab 16 €

✳ Cojean

Die französische Restaurantkette Cojean verkauft **gesundes Fast-Food-Essen**. In ihrem Angebot befinden sich hochwertige Speisen wie Salate, Sandwiches und Suppen, aber auch Obstsäfte und warme saisonale Gerichte.

78, Avenue Kléber, 75016 Paris · Metro: Boissière · +33 1 47 04 73 80 · www.cojean.fr · Mo–Fr 8.30–16 Uhr · Hauptgericht: ab 8,90 €

✳ Compose

Eine tolle Entdeckung! Hier ist der Name Programm. Aus einer riesigen Auswahl an frischen, kalten und warmen Zutaten kann man sich seinen Lieblingssalat zusammenstellen. Die **Salatbar** bietet mehrere Menüs an, etwa einen Salat inklusive vier oder fünf Zutaten mit Getränk und Dessert. Es gibt auch Wraps und Quiches. Wirklich sehr zu empfehlen!

22, Rue de Bellechasse, 75007 Paris · Metro: Solférino · +33 1 45 55 57 72 · www.compose.eu.com · Mo–So 11–16 Uhr · Salatmenü: ab 8,90 €

✳ Crêperie Chez Yannick

Die Crêperie liegt in einer der schönsten Restaurant- und Shoppingstraßen des 16. Arrondissements. Es herrscht ein familiäres Ambiente, denn Yannick, die Chefin, serviert noch selbst. In Frankreich isst man in Crêperien meist erst eine **Galette**, ein deftiges Crêpe aus Buchweizenmehl, und anschließend ein süßes Crêpe als Dessert.

33, Rue Annonciation, 75016 Paris · Metro: La Muette, Passy · +33 1 46 47 70 34 · www.facebook.com/CreperieChezYannick · Mo–Sa 11–23, Di–Sa 9 bis 23, So 11–16 Uhr · Hauptgericht: ab 10 €

✳ Japan Daily

Modernes Sushi-Fast-Food im neuen Pariser Shoppingcenter Beaugrenelle (S. 89). Für alle, die nur schnell etwas zwischendurch essen und dabei nicht unbedingt den typischen Burger wählen möchten. Auch für den kleinen Hunger prima geeignet, denn **frisches Sushi** wird hier zum Stückpreis verkauft. Außerdem auf der Karte: Salate, Ramen und andere japanische Spezialitäten.

42, Rue Linois, 75015 Paris · Metro: Charles Michel · +33 9 64 08 04 08 · www.japandaily.fr · Mo–So 10 bis 24 Uhr · Hauptgericht: ab 6 €

Farbenfrohe Fassaden sieht man in Paris des Öfteren. In der Bäckerei »Pariseven« fühlt man sich gleich richtig wohl. Das Auge ist ja bekanntlich mit! →

⁎ Pariseven

Der nächste Geheimtipp in diesem Stadtviertel! Pariseven ist eine Bäckerei, die preisgünstige, frische und sehr **leckere Tagesgerichte** mit verschiedenen Beilagen zum Mitnehmen anbietet. Zu Hühnchen, Fleisch oder Fisch gibt es Ofenkartoffeln, Gratin oder Reis mit Ratatouille, grünem Gemüse oder Salat. Zum Essen eignet sich der Parc du Champs de Mars mit Blick auf den Eiffelturm!

20, Rue Jean Nicot, 75007 Paris • Metro: La Tour-Maubourg • +33 1 43 17 35 20 • Di–Sa 7.30–20.30 Uhr • Hauptgericht: ab 9 €

⁎ Saveurs & Co

Frisch, gesund und ausgewogen – diese drei Wörter treffen auf die Produkte des **Bistros** definitiv zu. Die Zutaten für Sandwich, Salate, Suppen und Quiche werden jeden Morgen frisch geliefert und vor Ort zubereitet. Essen kann man im Restaurant oder auf der kleinen Außenterrasse. Alle Speisen auch zum Mitnehmen.

90, Avenue Raymond Poincaré, 75016 Paris • Metro: Victor Hugo • +33 1 45 00 44 00 • www.saveurs-and-co.com/ • Mo–Fr 11–15 Uhr • Hauptgericht: ab 7,90 €

⁎ Villa Spicy

Das Restaurant gleicht dank seiner überaus gemütlichen Innendekoration in pastellfarbenen Tönen einer richtigen Villa im Süden Frankreichs. Die Veranda im Inneren trägt viel zu diesem Feeling bei. Auf den Teller kommen **hochwertige Speisen.** Unbedingt ausprobieren, aber am besten vorher im Internet reservieren und damit von den vergünstigten Preisen auf Onlinereservierungen profitieren!

8, Avenue Franklin D. Roosevelt, 75008 Paris • Metro: Franklin D. Roosevelt, Saint-Philippe-du-Roule • +33 1 56 59 62 59 • www.spicyrestaurant.com • Mo–So 12–24 Uhr • Hauptgericht: ab 18 €

Don't miss

Wer lecker essen und gleichzeitig sparen möchte, kann ganz unverbindlich über die Internetseite www.lafourchette.com einen Tisch reservieren. Satte Preisnachlässe von bis zu 50% auf die Endrechnung ohne Getränke sind möglich!

! Vorglühen auf Französisch: der Apéro

Franzosen verabreden sich bevor sie ausgehen gerne zum Apéro. Beim Apéro, was übrigens die Kurzform von Apéritif ist, trifft man sich unter Freunden auf ein paar leckere Drinks und isst nebenbei einige Kleinigkeiten, bevor es anschließend auf in die Pariser Partynacht geht.

Beim Apéritif wird meist Alkoholisches, typischerweise Wein, getrunken sowie Chips und Nüsse geknabbert. Manchmal gibt es auch etwas Wurst und Käse zum Wein dazu. Im Sommer finden Apéros oft draußen an der frischen Luft statt. Sie ähneln dann einem ausgiebigen Picknick. Jeder bringt etwas mit. Neben Wein dürfen Baguette, Käse und Wurst genauso wenig fehlen wie Knabberzeug, Oliven und eine ofenwarme Quiche.

An lauen Sommerabenden versammeln sich Touristen und Einheimische zum Beispiel auf den Champs de Mars am Eiffelturm, wo neben dem Picknick auch der spektakuläre Blick auf das Wahrzeichen der Stadt genossen wird. Sehr empfehlenswert ist auch die Pont des Arts (S. 17), eine über die Seine führende Fußgängerbrücke, an der Verliebte zum Zeichen ihrer unzertrennbaren Liebe Schlösser anbringen. Abends wird die Pont des Arts zu einer großen Picknickzone unter freiem Himmel. Die ausgelassene Stimmung und die tolle Aussicht auf das beleuchtete Paris sind einzigartig.

Weitere angesagte Orte für einen Apéro in Paris sind die Ufer des Canal Saint-Martin und die Quais der Seine. An diesen Orten ist es leicht, mit anderen Leuten ins Gespräch zu kommen. Einmal im Jahr Anfang Juni findet in Paris das *Diner en blanc* statt. Bei dieser sehr spontanen Veranstaltung kommen jedes Jahr etwa 10 000 Teilnehmer in ganz kurzer Zeit zu einem Apéro an einem sehr bekannten Ort in Paris zusammen. Der Ort wird bis zuletzt geheim gehalten und nur über Mund-zu-Mund-Propaganda weitergegeben. Es ist einmaliges Spektakel, denn alle Teilnehmer sind in weiß gekleidet!

Wellness

Das 16. Arrondissement ist der größte Stadtbezirk von Paris, dicht gefolgt vom benachbarten 15. Arrondissement. Auch die anderen Viertel im westlichen Teil der Stadt sind sehr weitläufig. Wer in Paris alles zu Fuß erlaufen möchte, kommt irgendwann an seine Grenzen. Obwohl der Eiffelturm von fast überall aus zu sehen ist, ist es zu Fuß zum Wahrzeichen der Stadt manchmal ganz schön weit. Für qualmende Füße und einen vom Sightseeing gestressten Körper hält der Westen der Stadt viele empfehlenswerte Wellnessoasen bereit. Wer auf der Suche nach Entspannung und Ruhe ist, kann sich bei einer relaxenden Massage, einer Maniküre, einer Gesichtsmaske oder einer entspannenden Fußpflege vom Großstadtstress erholen.

Culture of Color Nail Bar

Rissige, ungefeilte Nägel möchte man am liebsten in der Hosentasche verstecken. Ein Besuch in diesem modernen **Nagelstudio** kommt da wie gerufen. Auf dem Programm stehen Lackieren, komplette Maniküre, French Nails. Sollte es den Füßen genauso gehen wie den Händen, dann hilft Culture of Color mit einer Pediküre.

196, Rue de Grenelle, 75007 Paris • Metro: École Militaire • +33 1 45 50 20 66 • www.cultureofcolor.fr • Mo–Sa 10.30–20 Uhr • Maniküre: 21 €

Espace Weleda

Weleda ist der Spezialist für Bio-Naturkosmetik. Im Espace Weleda herrscht ein angenehmes Ambiente, zu dem die begrünte Wand im Innenbereich, die Holzmöbel und großen Fenstervitrinen beitragen. Der **Beautysalon** verfügt über drei Kabinen, deren Dekoration im Einklang mit der Natur und den Werten der Marke liegt. Schöne Adresse für entspannende Massagen und Gesichtsanwendungen.

10, Avenue Franklin D. Roosevelt, 75008 Paris • Metro: Franklin D. Roosevelt • +33 1 53 96 06 15 • www.espace-weleda.fr • Mo–Fr 10–19, So 14–19 Uhr • Gesichtspflege und Gesichtsmassage: 68 €

Glamour Beauty Bar

Die Beauty Bar ist im Retro-Style und einer Vintage-Pin-up-Deko aus den 1930er-Jahren eingerichtet. Sie bietet viele **verschiedene Pflegeanwendungen** an. So kann man beispielsweise bei einer Maniküre entspannen, sich die Nägel in den hippesten Farben lackieren lassen oder eine sehr wohltuende Gesichtspflege oder Massage in Anspruch nehmen. Auch für die bevorstehende Partynacht kann man sich hier schminken lassen!

86 bis, Rue des Dames, 75017 Paris · Metro: Rome · +33 1 42 93 65 71 · www.glamourbeautybar.com · Mo–So 11–20 Uhr · Nagelpflege: 25 €

Kiehl's

Kiehl's ist traditionelle **Haut- und Haarpflege aus den USA**. Die Marke wurde bereits im Jahr 1851 von einem New Yorker Apotheker gegründet. Kiehl's steht heute für kultige, ausgefallen eingerichtete und dekorierte Läden, in denen unzählige Gesichts- und Haarpflegeprodukte, Bodylotions, Parfüms und weitere Produkte gekauft werden können. Die hohe Qualität und ausgezeichnete Wirksamkeit der Produkte zählen zu den Geheimnissen dieser Marke.

74, Rue Saint-Dominique, 75007 Paris · Metro: La Tour-Maubourg · +33 1 47 05 83 89 · www.kiehls.fr · Mo–Sa 10.30–19 Uhr

Mademoiselle Bio

Die Bio-Kosmetikkette Mademoiselle Bio ist mit acht Geschäften in Paris vertreten. Sie verkauft **Bioprodukte** für Haut und Haar und betreibt gleichzeitig einen Wellnessbereich. Dieser ist ideal für einen Zwischenstopp, um Energie für den weiteren Tag zu tanken. Mademoiselle Bio bietet Körper- und Gesichtsanwendungen, Epilation, Maniküre und Pediküre an.

30, Rue Cler, 75007 Paris · Metro: École Militaire, La Tour-Maubourg · +33 1 45 56 08 95 · www.mademoiselle-bio.com · Mo 13.30–19.30, Di–Sa 10–19.30, So 10–14 Uhr · Tagesmakeup: 25 €

Passage Bleu

Die Passage Bleu bezeichnet sich selbst als Urban Day Spa und befindet sich in der nagelneuen Shoppingmall Beaugrenelle (S. 89) direkt an der Seine. Es ist unterteilt in die Bereiche Friseur, Spa und Schönheitsanwendungen. Eine tolle Adresse für ein Komplettprogramm mit entspannender Massage, Gesichtsreinigung und Maske sowie zu guter Letzt einer trendigen Frisur.

40, Rue Linois, 75015 Paris · Félix Faure · +33 1 40 59 99 73 · www.passagebleu.com · Mo–Fr 9–20, Sa 9–19 Uhr · Gesichtsbehandlungen: ab 35 €

Ausgehen

Die Seine schlängelt sich quer durch die westlichen Pariser Arrondissements und bietet zahlreichen Partylocations eine tolle Kulisse. An ihren Ufern haben sich Restaurants und Bars angesiedelt, in denen der Cocktail direkt an der Seine oder mit Blick auf bekannte Pariser Sehenswürdigkeiten gleich doppelt so gut schmeckt. Zwischen dem Eiffelturm (S. 81) und der Kirche La Madeleine wurden die Seineufer zur autofreien Zone erklärt. Seitdem machen sie mit ihren Partybooten, schwimmenden Gärten, neu angelegten Uferpromenaden und kleinen lässigen Bars von sich reden. Der Westen der Stadt hält außergewöhnliche Locations bereit. Ein riesiges Aquarium und eine früher eher anrüchige Einrichtung warten in diesem Teil der Stadt auf feierfreudige Partygäste.

3 Pièces Cuisine

Nette Adresse für ein paar günstige, aber **gute Cocktails** unter Freunden am Abend, bevor es dann in einen der angesagtesten Clubs der Stadt geht. Das Restaurant wird ab 22 Uhr zu einer gut besuchten Bar und zeichnet sich durch seine lockere und coole Atmosphäre sowie ein gutes Preis-Leistungsverhältnis aus.

25, Rue de Cheroy, 75017 Paris • Metro: Rome, Villiers • +33 1 44 90 85 10 • Mo–Fr 8–1.30, Sa, So 9.30–1.30 Uhr

Aēro Cafē

Das Aēro Cafē im gleichnamigen Hotel ist eine schöne Brasserie mit **großer überdachter Außenterrasse**, die sich ideal für ein paar Drinks am Abend eignet. Das Interieur des Aēro Cafēs mit seinen Mosaik- und Holzböden, Ledersofas und bunten, bequemen Sesseln ist echt cool. Die Lichtinstallationen im Innenraum des Aerō Cafē zaubern eine angenehme, entspannte Stimmung.

3, Place de Passy, 75016 Paris • Metro: La Muette • +33 1 42 88 15 19 • www.aeroparispassy.fr • Mo–Fr 7–24, Sa, So 7–24 Uhr

L'Aquarium

L'Aquarium ist ein sehr ausgefallener Ort zum Feiern! Das Restaurant inklusive Bar befindet sich im Aquarium von

Paris. Mit Blick auf ein mit 600 000 Litern gefülltes Aquarium und zahlreiche exotische Fische schmeckt der Cocktail gleich viel besser! Tolles, nicht alltägliches Ambiente, um ein paar **gut gemixte Cocktails** zu schlürfen und vor beeindruckender Kulisse zu tanzen.

5, Avenue Albert de Mun, 75016 Paris • Metro: Trocadéro, Iéna • +33 1 40 69 23 23 • www.laquarium-leclub.com • Sa 22–5 Uhr • Eintritt: je nach Event

Buddha Bar

Die Buddha Bar in Paris ist vor allem durch ihr exotisches Innendesign mit riesigen Buddha-Statuen, gedimmtem Licht und **Lounge-Charakter** sehr bekannt. Beeindruckendes Ambiente und angenehme Musik, des Öfteren legen auch DJs auf. Die Cocktails sind lecker und außergewöhnlich, aber auch ganz schön teuer.

8–12, Rue Boissy d'Anglas, 75008 Paris • Metro: Concorde • +33 1 53 05 90 00 • www.buddhabar.com • Mo–Fr 12–2, Sa, So 18–2 Uhr

Café Central

Das Café Central liegt in einer der lebhaftesten Straßen des 7. Pariser Arrondissements – nur einen Katzensprung vom Eiffelturm entfernt. Die weitläufige Außenterrasse lädt zu einem amüsanten **Cocktailabend mit Freundinnen** ein. Wer vorher noch etwas essen möchte, ist hier genau richtig. Denn das Café Central hat eine schöne Karte mit typisch französischen Gerichten und Desserts.

40, Rue Cler, 75007 Paris • Metro: École Militaire, La Tour-Maubourg • +33 1 47 05 00 53 • www.cafecentralparis.com • Mo–So 7–1 Uhr

»Buddha Bar« im Westen der Stadt – ideal, um leckere Cocktails zu schlürfen und zu inspirierender Musik das Tanzbein zu schwingen. →

✳ Charlie Birdy

Charly Birdy ist Restaurant und coole Bar in einem. Die leckeren, großen Cocktails kosten zur Happy Hour jeden Wochentag von 16 bis 20 Uhr nur die Hälfte. Montags heißt es **Ladies Night**, dann bekommen Mädels zwischen 19 und 1 Uhr ein Glas Champagner gratis. Mittwochabend stehen kleinere Konzerte auf dem Programm, Donnerstag After-Work-Partys und Samstag Clubbing. Hier ist einfach immer was los!

1, Place Étienne Pernet, 75015 Paris • Metro: Commerce • +33 1 48 28 06 06 • www.charliebirdy.com • Mo–Fr 10–2, Sa 12–5, So 12–2 Uhr

↑ *Das Bild zeigt die bekannte Pariser Brücke, die Pont Alexandre III. Im Hintergrund leuchtet die goldene Kuppel des Invalidendoms.*

✳ Club 79

Der Club 79 liegt nur einen Katzensprung von der Champs-Elysées entfernt. Bereits 1935 hat er das erste Mal seine Türen geöffnet. Der Club 79 macht vor allem für seine **Clubbing-Abende** am Wochenende und seine ausgelassenen Studentenpartys unter Woche von sich reden. Das Publikum ist hip und top gestylt!

22, Rue Quentin Bauchart, 75008 Paris • Metro: George V • +33 1 42 25 97 29 • www.79paris.com • Do–Sa 23.45–6 Uhr • Eintritt: frei

Don't miss

Na, gewusst? Nach Einbruch der Dunkelheit blinkt der Eiffelturm zu jeder vollen Stunde etwa fünf Minuten lang. Ein schönes Spektakel, das viel Aufmerksamkeit auf sich zieht!

✳ Club Le Baron

Le Baron ist eine der trendigsten Adressen für Nachtschwärmer in Paris. Vor dem Club steht fast immer eine lange Schlange, von **Disco- bis Elektromusik** wird alles gespielt. Zu den Sounds bekannter DJs kann man bis in die frühen Morgenstunden ausgelassen tanzen. Das Interieur ist ganz in Rot gehalten. Beim Einlass wird stark selektiert, also am besten frühzeitig kommen und Eindruck beim Türsteher machen!

6, Avenue Marceau, 75008 Paris • Metro: Alma-Marceau • +331 47 20 04 01 • www.clublebaron.com • Mo–So 23–6 Uhr • Eintritt: frei

✳ En attendant Rosa

Das bekannte Restaurant Rosa Bonheur im Parc des Buttes Chaumont (S. 149), hat eine Außenstelle direkt an den Ufern der Seine eröffnet. Das **Café-Restaurant** liegt an der Pont Alexandre III. Auf seiner hübschen Terrasse, die direkt am Wasser liegt, kann man es sich im Liegestuhl bequem machen und bei einem Glas Roséwein den wundervollen Pariser Sonnenuntergang genießen. Demnächst auch als Hausboot geplant – man darf gespannt sein.

Port des Invalides, 75007 Paris • Metro: Invalides • www.rosabonheur.fr/en-attendant-rosa • Mo–Fr 8.30–24 Uhr

✳ Indiana Café

Das Indiana Café gehört zu einer Tex-Mex-Restaurantkette mit zahlreichen großen Bar-Restaurants in Paris. Jeden Tag von 17 bis 20 Uhr gibt es eine Happy Hour mit unschlagbar günstigen Preisen für **leckere Cocktails**. Bekannte Drinks wie Margarita, Long Island, Mojito oder weniger bekannte verheißungsvolle Cocktails wie Lovely Monster, Hawaian Flame oder Between the sheets kosten dann nur 5,50 Euro!

237, Rue du Faubourg Saint-Honoré, 75008 Paris • Metro: Ternes • +331 44 09 80 00 • www.indianacafe.fr • Mo–So 8–2 Uhr

✳ Le Mix Club

Der Mix Club zählt zu den größten Pariser **Diskotheken**. Freitag und Samstag kann zu Elektro, Hip Hop, House, Latino oder R&B getanzt werden. Jeden Donnerstag finden im Mix Club die sehr bekannten und sehr gut besuchten Erasmus-Partys statt. Nicht-Franzosen haben an diesem Abend bis 24 Uhr freien Eintritt. Ausweis nicht vergessen! Am Wochenende mit Flyer gratis Eintritt für Mädels bis 1 Uhr.

24, Rue de l'Arrivée, 75015 Paris • Metro: Montparnasse-Bienvenüe • +33 1 56 80 37 37 • www.mixclub.fr • Do–Sa 0–6, So 17–2 Uhr • Eintritt: frei bis 24 Uhr

✳ No Comment Club

Der No Comment Club ist ein recht angesagter Pariser **Club mit toller Deko**. Er befindet sich in einem ehemaligen Etablissement, das für seinen Swinger Club bekannt gewesen ist. Der Club wurde von Grund auf renoviert. Sein neues Design hat die ursprünglich erotisch angehauchte Stimmung bewahrt, zum Beispiel durch einige anzügliche Bilder an den Wänden. Tolles Innendesign mit musealem Charme.

29, Rue Vineuse, 75016 Paris • Metro: Trocadēro, Passy • +33 6 18 40 89 93 • www.nocommentclub.com • Do 19–6, Fr–Sa 23.30–6 Uhr • Eintritt: 15 €

✳ Queen Club

Die Diskothek veranstaltet an jedem Montag eine ausgesprochen gut besuchte Disco-Night, bei der die Tanzfläche bis in die Nacht hinein gerockt wird! Für Mädels lohnt sich vor allem die **Ladies Night**, die jeden Mittwoch ab 23.30 Uhr stattfindet. Bis 1 Uhr nachts gibt es dann freien Eintritt und was fürs Auge: Knackige Kellner in engen Outfits.

102, Avenue des Champs-Ēlysēes, 75008 Paris • Metro: George V • +33 1 53 89 08 90 • www.queen.fr • Mo–So 23.30–6.30 Uhr • Eintritt: frei oder 15 € je nach Event

✳ Le Rēgine's

Le Rēgine's ist eine wahre Institution in der Pariser Clubszene. Der **Club** wurde in den 1970er-Jahren gegründet und zieht seitdem jeden Donnerstag zahlreiche Gäste zu After-Work-Partys inklusive Buffet und Cocktails magisch an. Samstag und Sonntag steht ab 23.30 Uhr Clubbing auf dem Programm. Tolles Dekor im 1930er-Jahre-Stil!

49, Rue de Ponthieu, 75008 Paris • Metro: Franklin D. Roosevelt, Saint-Philippe-du-Roule • +33 1 43 59 21 13 • Do 19–4, Fr–Sa 23.30–7 Uhr • Eintritt: frei oder 10 € je nach Event

✳ River's King

River's King ist ein hippes **Partyboot**, das direkt gegenüber vom Eiffelturm vor Anker liegt. Hier finden regelmäßig ausgelassene Partys statt, bei denen das Boot des Öfteren seine Anlegestelle verlässt und zu einer Tour auf der Seine aufbricht. Wenn Eintritt verlangt wird, dann ist dieser sehr preisgünstig und je nach Event, gibt es zu Beginn Buffet und Champagner umsonst.

Quai Saint-Bernard, 75005 Paris • Metro: Quai de la Rapēe, Gare d'Austerlitz • +33 1 40 56 02 82 • www.riversking.fr • Eintritt: frei oder 10 € ohne Getränk, 20 € mit drei Getränken

⁎ Le Schmuck Cocktail Club

Der Club empfängt seine Gäste auf zwei unterschiedlich eingerichteten Etagen mit rotem **Velours und Vintage** aus dem Hollywood der 1960er-Jahre. Im Club werden außergewöhnliche, recht teure Cocktails wie der exzellente Rucola-Himbeere oder der überraschende Gin-Gurke gemixt. Unbedingt testen! Im Untergeschoss befindet sich ein kleiner Dancefloor.

43, Rue de Ponthieu, 75008 Paris • Metro: Saint-Philippe-du-Roule • +33 1 43 59 13 37 • Mi–Sa 22–5 Uhr

↑ *Cocktailliebhaber kommen in Paris voll und ganz auf ihre Kosten. Neuentdeckungen sind garantiert, denn regelmäßig wird ein neukreierter Cocktail zum absoluten Ingetränk der Pariser Partyszene.*

⁎ Sir Winston

Sir Winston ist einer der ältesten **englischen Pubs** von Paris. Sein Lounge-Charakter und die barocke, interessante Einrichtung sind ideal, um etwas mit Freunden trinken zu gehen. Die Stimmung ist durch die im Hintergrund laufende Jazzmusik und die bequemen Sessel angenehm. Die angebotenen Cocktails sind lecker.

5, Rue de Presbourg, 75016 Paris • Metro: Charles de Gaulle-Étoile, Kleber • +33 1 40 67 17 37 • www.sirwinston.fr • Mo–So 9–4 Uhr

⁎ Au Trinquet

In einem großen Sportkomplex für das baskische Pelota-Spiel direkt an der Seine befindet sich das Bar-Restaurant Au Trinquet. Es ist vor allem für seine **Apéros** jeden Donnerstag von 19 bis 2 Uhr bekannt. Neben Bier, Champagner und Cocktails serviert das Restaurant auch leckere Wurstplatten und Tapas als Snacks. Unbedingt testen!

8, Quai Saint-Exupéry, 75016 Paris • Metro: Porte de Saint-Cloud, RER Pont du Garigliano • +33 1 40 50 09 25 • www.autrinquet.com • So–Mo 12–15, Di–Sa 12–15, 19–22.30 Uhr

Übernachten

Der Pariser Westen mit seinem Wohn- und Villenviertel im 16. Arrondissement, der prächtigen Champs-Elysées (S. 81) und dem weltbekannten Eiffelturm (S. 81) zählt zu den schicken Stadtteilen von Paris. Hotels, die nicht weit vom Eiffelturm entfernt liegen und einen beeindruckenden Blick auf das Wahrzeichen der Stadt bieten, sind manchmal ganz schön teuer. Denn als Hotelgast bezahlt man in diesem Fall den Blick aus dem Fenster gleich mit. Empfehlenswerte Hotels mit gutem Preis-Leistungsverhältnis sind vor allem im 17. und 15. Arrondissement nahe der Porte de Versailles, dem Expogelände von Paris, zu finden. Zu Messen allerdings, steigen auch hier die Zimmerpreise stark an.

* Best Western Eiffel Cambronne

20 Minuten zu Fuß vom Eiffelturm entfernt befindet sich dieses **Drei-Sterne-Hotel** der Best-Western-Kette. Es hat über 30 Zimmer für ein bis zu drei Personen. Jedes der Zimmer verfügen über kostenloses WLAN, Klimaanlage und eine recht moderne Einrichtung. Das Frühstück kostet 13 Euro pro Person, die nächste Metrostation liegt etwa 400 Meter vom Hotel entfernt.

6, Rue de La Croix Nivert, 75015 Paris • Metro: Cambronne • +33 1 56 58 56 78 • www.eiffel-cambronne.fr • DZ: ab 99 €

* Best Western Porte de Versailles

Etwas außerhalb des Stadtzentrums gelegen, aber mit Metrostation direkt vor der Tür. Das **modern eingerichtete Drei-Sterne-Hotel** der Best-Western-Hotelkette besitzt 35 Doppel- und Familienzimmer im typischen Best-Western-Standard. Mit kostenlosem WLAN. Frühstück gibt es als Buffet für 12 Euro pro Person.

11, Avenue Jean Jaurès, 92130 Issy-les-Moulineaux • Metro: Mairie d'Issy • +33 1 40 93 18 01 • www.bwportedeversailles.com • DZ: ab 100 €

* Elysée Opéra Hôtel

Mit drei Metrostationen in unmittelbarer Nähe, ist das **Drei-Sterne-Hotel** sehr gut an die öffentlichen Verkehrsmittel angebunden. Die 39 kleinen Zimmer des Hauses verfügen alle über einen Flachbildfernseher und kostenloses WLAN. Das Frühstücksbuffet bietet etwas für jeden Geschmack und kostet pro Person 13 Euro. Ruhige Lage, nettes Personal.

17, Rue de Turin, 75008 Paris • Metro: Place de Clichy, Rome • +33 1 43 87 56 50 www.elysees-opera.fr • DZ: ab 127 €

✳ Hôtel Darcet Paris

Nicht weit vom Place de Clichy entfernt. Das **Zwei-Sterne-Hotel** bietet kleine, einfach ausgestattete Doppelzimmer unter 100 Euro pro Nacht an, inklusive kostenlosem WLAN. Ideal für einen Städtetrip. Das kontinentale Frühstücksbuffet kostet 10 Euro pro Person, Metrostation und Parkhaus liegen in unmittelbarer Nähe.

4, Rue Darcet, 75017 Paris • Metro: Place de Clichy • +33 1 42 93 26 76 • www.hotel-darcet-paris.federal-hotel.com • DZ: ab 96 €

✳ Hôtel de l'Exposition-Tour Eiffel

Top Lage **nicht weit vom Eiffelturm** (S. 81) und der Pariser Freiheitsstatue auf der Île aux Cygnes entfernt! Das Drei-Sterne-Hotel mit seinen 36 kleinen Zimmern liegt in einer ruhigen Gegend. In der Nähe befindet sich viele Restaurants und Geschäfte, unter anderem auch das neue Einkaufszentrum Beaugrenelle (S. 89). Frühstück gibt es für 10 Euro pro Person. Ein Parkhaus liegt ganz in der Nähe.

42 bis, Rue du Théâtre, 75015 Paris • Metro: Dupleix, Charles Michels • +33 1 45 77 59 65 • www.expositionhotel.com • DZ: ab 103 €

✳ Hôtel du Home Moderne

In der Nähe des Parks Georges Brassens gelegen, bietet dieses **Zwei-Sterne-Hotel** 63 moderne Zimmer für

Bekannt aus dem Film »Inception« ist die außergewöhnliche Pont de Bir-Hakeim ein echter Blickfang – besonders im (Pariser) Abendrot. →

zwei bis vier Personen, kostenloses WLAN inklusive. Interessante Preise für Vierbettzimmer! Frühstücksbuffet für 10 Euro, gute Metro- und Busanbindung zum Pariser Stadtzentrum. Top Preis-Leistungsverhältnis, sehr freundliches Personal.

61, Rue Brancion, 75015 Paris • Metro: Convention, Plaisance • +33 1 53 68 03 00 • www.homemoderne.com • DZ: ab 54 €

* Hôtel Tourisme Avenue

Drei-Sterne-Hotel mit 55 modern eingerichteten Doppel- und Dreibettzimmern nur ein paar Gehminuten von den Champs de Mars und dem Eiffelturm (S. 81) entfernt – **top Lage**! Auch Familiensuiten im Angebot. Kostenfreies WLAN gibt es im gesamten Hotel. Das Frühstücksbuffet liegt bei 10 Euro pro Person. Die Zimmer sind ruhig und sauber. Online buchen – so kann gespart werden!

66, Avenue de la Motte-Piquet, 75015 Paris • Metro: La Motte-Piquet-Grenelle • +33 1 47 34 28 01 • www.hoteltourismeavenue.com • DZ: ab 77 €

* Les Jardins de la Villa

Sehr schönes, mit viel Geschmack eingerichtetes **Vier-Sterne-Designhotel** in prima Lage nahe der Porte Maillot. Das Hotel bietet 34 moderne Einzel- und Doppelzimmer mit Blick auf einen kleinen Innenhof. Das Frühstückbuffet kostet 22 Euro pro Person. Café und Tee sind den ganzen Tag kostenlos im Hotel verfügbar. Die nächste Metrostation ist nicht weit und der Arc de Triomphe (S. 80) ist prima zu Fuß zu erreichen.

5, Rue Belidor, 75017 Paris • Metro: Porte Maillot, RER Neuilly-Porte Maillot • +33 1 53 81 01 10 • www.jardinsdelavilla.com • DZ: ab 127 €

* Océania Hôtel

Das Vier-Sterne-Hotel mit seinen für Pariser Verhältnisse relativ **großen Zimmern** liegt nicht weit von der Périphérique, der Pariser Ringautobahn, entfernt. Daher ist es geradezu ideal für die Anreise mit dem Auto. Das Hotel verfügt über einen Pool und Wellnessbereich, das Frühstück kostet pro Person 17 Euro. Direkte Metroanbindung, freundliches Personal.

Don't miss

Wer in einer außergewöhnlichen Location übernachten möchte, kann die Nacht auf einem Pariser Hausboot verbringen. Eine echt coole Erfahrung! Buchbar zum Beispiel über Airbnb (www.airbnb.com), Wimdu (www.wimdu.com) und Housetrip (www.housetrip.de).

52, Rue d'Oradour-sur-Glâne, 75015 Paris • Metro: Porte de Versailles • +33 1 56 09 09 09 • www.oceaniahotels.com • DZ: ab 100 €

✳ Queen's Hôtel

Zwischen den Tennisplätzen von Roland Garros und der Seine befindet sich das kleine Drei-Sterne-Hotel mit 17 Einzel- und Doppelzimmern. Einige der Zimmer besitzen einen **eigenen Whirlpool** im Bad, der nach einem Tag mit Sightseeing in Paris gerade recht kommt! Ruhige Lage, gute Anbindung an die öffentlichen Verkehrsmittel und hilfsbereites Personal.

4, Rue Bastien-Lepage, 75016 Paris • Metro: Michel-Ange-Auteuil • +33 1 42 88 89 85 • www.hotel-queens-hotel.com • DZ: ab 139 €

✳ Source Hôtel

Drei-Sterne-Hotel an der Porte de Saint-Ouen mit 34 modern ausgestatteten Zimmern für ein bis fünf Personen zu günstigen Preisen! Es liegt nur 300 Meter von dem bekannten Pariser Flohmarkt Puces de Cligancourt entfernt. Eine Metrostation befindet sich direkt vor dem Hotel. Es gibt kostenloses WLAN und ein Frühstücksbuffet für nur 8 Euro pro Person.

↑ *Der Arc de Triomphe auf der Champs-Elysées ist einzigartig, aber nicht der einzige Triumphbogen in Paris! Ein weiterer steht zum Beispiel im Tuileriengarten.*

135, Avenue St. Ouen, 75017 Paris • Metro: Porte de Saint-Ouen • +33 1 46 27 73 67 • www.sourcehotel.fr • DZ: ab 75 €

✳ La Villa des Ternes

Gut gelegenes, 39 Zimmer großes **Drei-Sterne-Hotel** mit direkter Metroanbindung zu den bekanntesten Sehenswürdigkeiten der Stadt. Die komfortablen Einzel- und Doppelzimmer des Hotels sind mit Klimaanlage, Minibar und Flachbildfernseher ausgestattet. Frühstücksbuffet für 12 Euro. Nettes Personal, gutes Preis-Leistungsverhältnis.

97, Avenue des Ternes, 75017 Paris • Metro: Porte Maillot, RER Neuilly-Porte Maillot • +33 1 53 81 94 94 • www.paris-hotel-ternes.com • DZ: ab 125 €

Der Süden

Auf den Spuren bekannter Persönlichkeiten in Saint-Germain-des-Prés und dem belebten Pariser Studentenviertel auf der Rive Gauche

Das Viertel Saint-Germain-des-Prés und das Quartier Latin südlich der Seine ziehen aufgrund ihres intellektuellen und künstlerischen Charmes magisch an.

Das Quartier Latin im 5. Arrondissement beherbergt schon seit dem Mittelalter das Studentenviertel von Paris. Sein Name ist auf die Tatsache zurückzuführen, dass Studenten zur damaligen Zeit in Latein unterrichtet wurden und sich auch in dieser Sprache verständigten. Seine besondere Anziehungskraft verdankt das Quartier Latin den beeindruckenden alten Gemäuern der Sorbonne (S. 116), den Studenten, die rund um das Panthéon (S. 115), auf dem Boulevard Saint-Michel oder in der bekannten Rue Mouffetard eilig von einer Vorlesung zur nächsten rennen sowie den kleinen, nostalgischen, unabhängigen Kinos, in denen alte Filme aus längst vergangenen Zeiten laufen.

Das Quartier Latin wird außerdem für sein Nachtleben und seine Gastronomie sehr geschätzt. Das benachbarte Viertel Saint-Germain-des-Prés im 6. Arrondissement galt Anfang und Mitte des 20. Jahrhunderts als Zentrum der Intellektuellenszene. Zum bevorzugten Treffpunkt von Jean-Paul Sartre, Simone de Beauvoir, Pablo Picasso und Alberto Giacometti zählten Literatencafés wie das bekannte Café de Flore und das Café Les Deux Magots. Später ließen sich Regisseure wie Jean-Luc Godard und François Truffaut, beides Vertreter der Nouvelle Vague, sowie Legenden wie Serge Gainsbourg südlich der Seine nieder. Heute steht Saint-Germain mehr für Luxusboutiquen und die Pariser Bohème, die sich um den Jardin du Luxembourg (S. 113) angesiedelt hat. Der Park mit seinen großen Baumalleen und den typisch grünen Stühlen ist bei den Studenten der umliegenden Universitäten – vor allem zur Mittagspause, bei Anwohnern und auch Touristen sehr beliebt. Südlich des 5. und 6. Arrondissements liegen das chinesische Viertel und das Quartier Montparnasse.

Seine
Quai Anatole France
Quai François Mitterrand
Musée du Louvre
Palais du Louvre
Rue de Rivoli
Musée d'Orsay
Solférino
Pont Neuf
Place du Pont Neuf
Q. de la Mégisserie
Quai Malaquais
Place de l'Institut
Quai de Conti
Place Dauphine
Palais de Justice
St-Germain
Rue du Bac
Boulevard Saint Germain
Germain
des
Prés
Prescription Coctail Club
Jane Club
Héroïnes
Eva Baz' Art
Bar du Marché
Amorino
Malongo Café
43 Up the Roof
St Michel
Paris/New York
Place St-Germain des Prés
Mabillon
St Germain des Prés
Saint-Sulpice
La Perle
Tennessee
San Marina
André
Some-where
L'Avant-Comptoir
Odéon
Staggy
Repetto
Rue de Babylone
Pl. Le Corbusier
Sèvres Babylone
St-Ignace
St Sulpice
Brandy & Melville
American Retro
O'Neil
Le Schmuck
Place St-Sulpice
Cluny La Sorbonne
Best Mountain
Sud express
Hypnose Coctail Bar
L'Urgence Bar
Vaneau
Hôtel Mayet
Rennes
Etat Pur
Musée du Luxembourg
Place Paul Claudel
L'écritoire
Pomme de pain
Crêpes à gogo
Eram
St-Placide
Rue de Fleurus
Place Edmond Rostand
Jardin du Luxembourg
Panthéon
Rue de Vaugirard
FNAC
Montparnasse
Quartier Latin
Aviatic Hotel
Notre Dame des Champs
Place André Honnorat
Place de l'Estrapade
R. Pierre et M. Curie
Montparnasse Bienvenue
Place du 18 Juin 1940
Le ZinZin
Tour Montparnasse
Comfort Hotel Andre Latin
Vavin
Place Pablo Picasso
Edgar Quinet
Boulevard du Montparnasse
R. des Feuillantines
Place Alphonse Laveran
La Pachanga
Boulevard Edgar Quinet
Gaîté
Cimetière du Montparnasse
Raspail
Fondation Cartier
Boulevard de Port Royal
Sq. de Port Royal
Mistral
Clairfontaine
Observatoire de Paris
Place Gilbert Privat
Place de Moro-Giafferi
Pl. Denfert Rochereau
Catacombes de Paris
Denfert Rochereau
St Jacques
Boulevard St-Jacques
Solar Hôtel
Hôtel Du Midi
Fred Hôtel
Puces de Porte de Vanves

Kultur
Shopping
Restaurant
Wellness
Ausgehen
Übernachten
0
300 m
Marais
Cité
Île
St-Louis
Seine
Institut du monde arabe
Jardin des Plantes
La Ménagerie
Grande Mosquée de Paris
Arènes de Lutèce
La Baleine
Café du Métro
Curio Parlor
Paradis Latin
Le Bonbon
Minerve
Short Time
Café Delmas
La Mosquée
Salle à Manger
Institut Thai Rachawadee
OOPS!
La Manufacture
Nüba
Wanderlust
Djoon
Batofar
Châtelet
Hôtel de Ville
St Paul
Pont Marie
Bastille
Sully Morland
Cardinal Lemoine
Jussieu
Quai de la Rapée
Gare d'Austerlitz
Pl. Monge
Censier Daubenton
St Marcel
Campo Formio
Les Gobelins
Chevaleret
Nationale
Opéra de la Bastille
Place des Vosges
Place Valhubert
Jardin d'Hiver
Musée de Minéralogie
Square Marie Curie
Place Louis Armstrong

Kultur

Neben der bekannten Pariser Universität Sorbonne zählen das Pantheon (S. 115) und der Jardin des Plantes (S. 113) zu den bekanntesten Sehenswürdigkeiten des Quartier Latin. Im angrenzenden Viertel Saint-Germain-des-Prés lohnt es sich, den weitläufigen Jardin du Luxembourg (S. 113) zu erkunden und das gleichnamige Museum sowie die Kirche Saint-Sulpice (S. 116) zu besuchen. Die grünen Stühle des Parks laden zu einer kleinen Pause ein. Weiter südlich im 14. Arrondissement warten außergewöhnliche Orte auf Paris-Besucher. Der Tour Montparnasse (S. 116) bietet Touristen aus der 56. Etage einen tollen Rundblick auf Paris. Die Hauptattraktion für Gruselfans wartet 20 Meter unter der Erde in den gespenstigen Pariser Katakomben (S. 113). Mutige vor!

* Arènes de Lutèce

Das römische **Amphitheater** stammt aus dem 1. Jahrhundert und gilt als das älteste, noch erhaltene Bauwerk von Paris. Es trägt den römischen Namen der Stadt Lutetia, aus der sich später Paris entwickelte. Die Arena wurde erst im Jahr 1869 bei Bauarbeiten entdeckt. Es ist Victor Hugo zu verdanken, dass das Amphitheater heute noch existiert. Im Jahr 1883 bat er die Stadt Paris, die Ruinen der Arena schützen zu lassen.

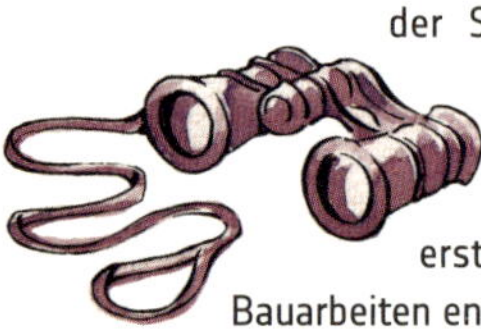

47–59, Rue Monge, 75005 Paris • Metro: Cardinal Lemoine, Jussieu, Place Monge • +33 1 45 35 02 56 • www.paris.fr • Eintritt: frei

* Institut du monde arabe

Das 1978 eröffnete Institut der Arabischen Welt soll zum besseren Verständnis der arabischen Kultur und zum kulturellen Austausch zwischen der arabischen Welt und Frankreich sowie Europa beitragen. Auf drei Etagen sind Dauerausstellungen zu **arabischer Kunst** zu sehen. Das Institut beherbergt außerdem ein Sprachenzentrum, eine Bibliothek und ein tolles Restaurant mit Aussichtsplattform in der letzten Etage. Beeindruckende Fassade!

1, Rue des Fossés Saint-Bernard, 75005 Paris • Metro: Cardinal Lemoine, Jussieu • +33 1 40 51 38 38 • www.imarabe.org • Di–Fr 10–18, Sa, So 10–19, freitags bis 21.30 Uhr • Eintritt: 8 €

✳ Jardin du Luxembourg

Der 26 Hektar große **Stadtpark** ist vor allem bei Familien, Studenten und Joggern sehr beliebt. Im Park, der bereits im 17. Jahrhunderts im Auftrag von Maria de Medici angelegt wurde, stehen zahlreiche Statuen von Tieren und bekannten Persönlichkeiten. An der Fontaine Mēdicis können Kinder Segelboote ausleihen, die mit kleinen Holzstöckchen angetrieben werden. Um den Brunnen stehen zahlreiche grüne Stühle in Sitz- und Liegeausführung, auf denen es sich prima sonnen und relaxen lässt.

Jardin du Luxembourg • 75006 Paris • Metro: RER Luxembourg • +331 42342362 • www.senat.fr/visite/jardin

✳ Jardin des Plantes

Der Jardin des Plantes ist der große **botanische Garten** von Paris. Er beherbergt lange, dichte Baumalleen, prächtige Pflanzen und seltene Flora. Ideal zum Joggen und Spazierengehen. Viele Gewächse im Park und den nostalgischen Gewächshäusern sind sorgfältig beschriftet, was auf die botanische Schule des Jardin des Plantes zurückzuführen ist. Im Park befinden sich außerdem die Grande Galerie de l'Ēvolution und die Mēnagerie.

57, Rue Cuvier, 75005 Paris • Metro: Jussieu, Place Monge • +33140795601 • www.jardindesplantes.net • Im Sommer Mo–So 7.30–20, im Winter Mo–So 8–17.30 Uhr • Eintritt: frei

✳ Die Katakomben

Ab 1786 wurden Knochen von Friedhöfen und aus Kirchen von Paris in die Katakomben überführt. Die Pariser Friedhöfe waren aufgrund des Bevölkerungswachstums und zahlreicher Seuchen so überfüllt, dass Liegezeiten verkürzt wurden und neuer Platz geschaffen werden musste. Holzschilder und Kreuze verweisen auf den Herkunftsfriedhof der **Knochen von mehr als sechs Millionen Menschen**. Die

Detailverliebter Brunnen mitten im Jardin du Luxembourg. Ein idealer Ort zum Entspannen und Relaxen. →

Temperatur in 20 Meter Tiefe beträgt zwölf bis 14 Grad.

1, Avenue du Colonel Henri Rol-Tanguy, 75014 Paris • Metro: RER Denfert-Rochereau • +33 1 44 59 58 31 • www.catacombres.paris.fr • Di–So 10–16 Uhr • Eintritt: 8 €

✳ La Ménagerie

Die Ménagerie im Jardin des Plantes ist einer der ältesten Zoos der Welt. Er wurde bereits im Jahr 1793 eröffnet. Schon vor dem Eingang zum Zoo befindet sich ein Wallaby-Gehege, in dem man Kängurus aus nächster Nähe beobachten kann. Neben farbenfrohen Flamingos, die die meiste Zeit auf einem Bein in der Sonne stehen, gibt es unter anderem Erdmännchen, Reptilien, Maras, rote Pandas und Riesenrinder zu sehen.

57, Rue Cuvier, 75005 Paris • Metro: Jussieu, Place Monge • +33 1 40 79 37 93 • www.mnhn.fr • Mo–So 9–17 Uhr • Eintritt: 11 €

Don't miss

Sightseeing auf die andere Art! Jeden Freitag um 22 Uhr startet am Tour Montparnasse (Pari Roller: Place Raoul Dautry, 75014 Paris) eine dreistündige, kostenlose Tour auf Inlinern durch das nächtliche Paris. Teilnehmen lohnt sich!

✳ Mosquée de Paris

Die Pariser Moschee wurde zwischen 1922 bis 1926 zum Dank an die nordafrikanischen Länder errichtet, die Frankreich im Ersten Weltkrieg unterstützten. In der **Moschee** gibt es einen Teesalon, in dem traditionelles Gebäck und Minztee serviert werden. Auf seiner Terrasse stehen mosaikverzierte Tische, an denen es sich im Sommer im Schatten der dichten Feigenbäume wunderbar in orientalischer Atmosphäre entspannen lässt.

2 bis, Place du Puits de l'Ermite, 75005 Paris • Metro: Censier-Daubenton, Place Monge • +33 1 45 35 97 33 • www.mosquee-de-paris.org • Mo–So 11–19 Uhr

✳ Musée d'Orsay

Das Kunstmuseum des 19. Jahrhunderts liegt direkt an der Seine gegenüber dem Jardin des Tuileries (S. 14). Es beherbergt die größte **impressionistische Sammlung** der Welt, zu der unter anderem Werke von Paul Cézanne, Edgar Degas, Claude Monet, Auguste Renoir und Édouard Manet gehören. Das Museum wurde 1986 in einem ehemaligen Bahnhofsgebäude eröffnet. Sehr beeindruckend ist die alte Bahnhofsuhr, die heute noch im Museum zu sehen ist.

1, Rue de la Légion d'Honneur, 75007 Paris • Metro: Solférino, RER Musée d'Orsay • +33 1 40 49 48 14 • www.musee-orsay.fr • Di, Mi, Fr–So 9.30–18, Do 9.30–21.45 Uhr • Eintritt : 9 €

* Panthéon

Das Pantheon wurde zwischen 1764 und 1790 von dem französischen Architekten Jacques-Germain Soufflot auf dem Hügel der Heiligen Genoveva errichtet. Ursprünglich als Kirche geplant, wurde es nach der Revolution zu einer **Gedenkstätte** für bekannte Personen, die zur nationalen Identität Frankreichs beigetragen haben. In der Krypta ruhen zum Beispiel Voltaire, Victor Hugo und Marie Curie. Im Innenraum des Pantheons hängt ein Foucaultsches Pendel.

Place du Panthéon, 75005 Paris • Metro: RER Luxembourg • +33 1 44 32 18 00 • www.pantheon.monuments-nationaux.fr • 1. April bis 30. September Mo–So 10–18.30, 1. Okt.–31. März Mo–So 10–18 Uhr • Eintritt: 7,50 €

↑ *Blick ins Innere des Pantheons. Grabmäler und zahlreiche Kunstwerke machen das Panthéon zu einem mystischen Ort.*

* Place Saint-Michel

Der Place Saint-Michel gibt dem Viertel und der dort gelegenen Metrostation seinen Namen. Hier befindet sich der Brunnen **Fontaine Saint-Michel**, der einen beliebten Ausgangspunkt für Touren durch die naheliegenden Viertel darstellt. In der benachbarten kleinen Rue Saint André-des-Arts laden nette Crêperien zu einem Crêpe und einem Glas Cidre ein.

Place Saint-Michel, 75005 Paris • Metro: Saint-Michel

* Puces de Porte de Vanves

An der Porte de Vanves liegt der einzige **Antiquitäten- und Flohmarkt** innerhalb der Pariser Ringautobahn. Der gesellige, überschaubare Flohmarkt ist jeden Samstag und Sonntag das ganze Jahr über unabhängig vom Wetter geöffnet. 380 Händler verkaufen Antiquitäten aus dem 18. bis 20. Jahrhundert. Hierzu zählen Möbel, Vintage-Kleidung, Münzen, alte Schmuckstücke, Bilder und Bücher.

Avenue Georges Lafenestre, 75014 Paris • Metro: Plaisance • +33 6 86 89 99 96 • www.pucesdevanves.typepad.com • Sa–So 7–14 Uhr

* Saint-Sulpice

Saint-Sulpice ist eine katholische Pfarrkirche im Stadtteil Saint-Germain. Die klassizistische Kirche zählt zu den geschützten historischen Monumenten Frankreichs. In der Kirche sind zahlreiche sehenswerte **Kunstwerke** zu bewundern, zum Beispiel die Fresken von Eugène Delacroix. Auf dem Platz vor der Kirche steht ein gleichnamiger Brunnen, ein idealer Ort, um dem Spiel der fünf Glocken zu lauschen. Sie wiegen zwischen 980 und 6000 Kilo und tragen alle einen weiblichen Vornamen.

2, Rue Palatine, 7506 Paris • Metro: Saint-Sulpice • +33 1 42 34 59 98 • www.paris.fr • Mo–So 7.30–19.30 Uhr • Eintritt: frei

↓ *Abendliche Sonnenstrahlen über dem Tour Montparnasse, der einen tollen Blick auf die Stadt bietet und einen der schnellsten Aufzüge Europas!*

* Sorbonne

Die **Universität** Sorbonne bildet den Mittelpunkt des Pariser Studentenviertels Quartier Latin. Sie besteht aus mehreren Teiluniversitäten, die über die ganze Stadt verteilt sind. Die Unterteilung in zwölf Institute erfolgte nach den Studentenaufständen im Mai 1968. In dem Hauptgebäude der Sorbonne im 5. Arrondissement befindet sich heute die Universität Paris I, Paris III und Paris IV.

1, Rue Victor Cousin, 75005 Paris • Metro: Cluny-La Sorbonne, RER Luxembourg • +33 1 40 46 22 11 • www.paris-sorbonne.fr

* Tour Montparnasse

Der Tour Montparnasse ist ein 210 Meter hohes Bürogebäude zwischen dem 14. und dem 15. Pariser Arrondissement. Vom Panoramarestaurant und der **Aussichtsplattform** in der 56. Etage bietet sich Paris-Besuchern eine tolle Sicht über die Stadt. Sollte die Schlange am Eiffelturm zu lang sein, dann ist der Tour Montparnasse eine Alternative.

33, Avenue du Maine, 75015 Paris • Metro: Montparnasse-Bienvenüe • +33 1 45 38 52 56 • www.tourmontparnasse56.com • 1. April–30. Sept. 9.30–23.30, 1. Okt.– 31. März 9.30–23 Uhr • Eintritt: 13,50 €

Eine Tour durch den Süden von Paris

Der Ausgangspunkt für die Entdeckungstour durch den Pariser Süden ist die Metrostation Gare d'Austerlitz. Am Place Valhubert befindet sich ein Eingang zum Jardin des Plantes (S. 113). Die langen, dichten Baumalleen und die vielen exotischen Pflanzen des botanischen Gartens laden zu einem entdeckungsreichen Spaziergang ein. Wer möchte, kann in der Ménagerie (S. 114) einen Zwischenstopp einlegen und die neugierigen Bewohner des ältesten Zoos von Paris besuchen.

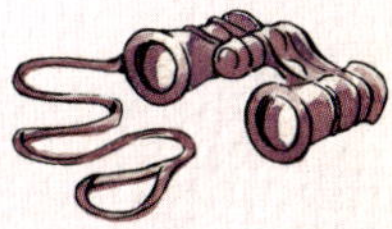

Geht man durch den Park hindurch am Musée National d'Histoire Naturelle vorbei, sieht man auf der gegenüberliegenden Straßenseite des Parks die große Pariser Moschee (S. 114). An warmen Tagen bietet sich die Terrasse der Moschee mit ihren mosaikverzierten, kleinen Tischen für einen Minztee mit orientalischem Gebäck an.

Über die Rue Censier, vorbei am Square Saint-Médard, erreicht man die bekannteste Straße des Viertels, die belebte Rue Mouffetard. Sie ist von zahlreichen Restaurants, kleinen Cafés und Shoppingmöglichkeiten gesäumt. Die Rue Mouffetard überquert den Place de la Contrescarpe mit seinen schönen Sonnenterrassen und geht anschließend in die Rue Descartes über. Biegt man an der Kreuzung mit der Rue Clovis nach links ab, steht man nach wenigen Minuten vor dem beeindruckenden Pantheon (S. 115). Ein Besuch lohnt sich. Das Innere der Grabstätte mit seinen riesigen Kunstwerken und dem Foucaultschen Pendel sowie die Krypta mit Grabstätten zahlreicher Berühmtheiten sind sehr sehenswert.

Vom Vorplatz des Pantheons führt die Rue Soufflot an der Sorbonne (S. 116) vorbei direkt in den Jardin du Luxembourg (S. 113). Die vielen Sitzmöglichkeiten des Parks laden zum Entspannen ein. Geht man durch den Parkausgang an der Rue Vaugirard, bringt die kleine Allée du Séminaire Spaziergänger direkt zur Kirche Sainte–Sulpice (S. 116).

Shopping

Die großen Boulevards wie der Boulevard Saint-Michel, die Rue de Rennes, die vom Tour Montparnasse (S. 116) geradewegs Richtung Saint-Germain führt sowie der Boulevard Saint-Germain halten zahlreiche Shoppingadressen für ausgiebige Einkaufstouren bereit. Abseits der großen Boulevards lässt es sich in süßen Läden kleinerer Straßen wie der belebten Rue Mouffetard sehr gut shoppen. Saint-Germain ist bekannt für seine exquisiten Luxusboutiquen. Neben teurer Designermode gibt es auf der südlichen Seite der Seine In-Läden wie American Retro (S. 118) und die unter Pariserinnen sehr begehrte Marke Zadig et Voltaire. Auch internationale Ketten und kleine, weniger bekannte Marken, die Mode zu erschwinglichen Preisen bieten, sind auf der Rive gauche vertreten.

* American Retro

American Retro ist eine vom kalifornischen Modemarkt inspirierte französische Marke, die sich vorwiegend an die gestylten, schicken und gleichzeitig coolen Pariserinnen richtet. Mit einem gekonnten Stilmix schafft sie die typische **French Elegance**. Von Basics bis hin zu sehr ausgefallenen Sachen ist hier wirklich alles dabei.

10, Rue Madame, 75006 Paris • Metro: Saint-Sulpice • +33 1 45 49 10 91 • www.americanretro.fr • Mo–Sa 10–19.30 Uhr

* Best Mountain

Best Mountain ist ein **kleiner Modeladen** auf dem Boulevard Saint-Michel mit fetzigen Teilen für einen Casual und typischen French Look. In dieser Boutique gibt es hippe Jeans, lässige Blusen, dünne Pullover und tolle elegante Mäntel. Accessoires wie Schuhe und Gürtel runden das Angebot des Ladens ab. Alles ist super angesagt und chic. Unbedingt vorbeischauen!

28, Boulevard Saint-Michel, 75006 Paris • Metro: Cluny-La Sorbonne • +33 1 43 26 02 76 • www.best-mountain.com • Mo–Sa 10–19.30 Uhr

Le Bonbon au Palais

Le Bonbon au Palais ist ein bezaubernder, kleiner **Süßigkeitenladen**. An der Wand hängt eine riesige Landkarte, auf der man die regionale Herkunft der verlockenden Bonbons, Schokoladen und anderen Leckereien erkennen kann. Alle Süßigkeiten sind in tollen Glasbehältern gelagert. Bonbon au Palais vereint die besten und die bekanntesten Süßigkeiten Frankreichs unter einem Dach! Unbedingt testen!

19, Rue Monge, 75005 Paris • Metro: Cardinal Lemoine • +33 1 78 56 15 72 • www.bonbonsaupalais.fr • Di–Sa 11–19.30 Uhr

Brandy & Melville

Brandy & Melville ist ein fetziger Laden in einer der längsten Einkaufsstraßen von Paris. Die Qualität der Kleidungsstücke ist in der Regel besser als bei H&M. Von den Preisen her ist der Laden zwischen der schwedischen Marke und dem Modelabel Zara anzusiedeln. Coole Tops und **lässige Basics** wie Pullover und Jeans für jeden Tag und Accessoires wie Strumpfhosen und Taschen gibt es in diesem Laden en masse.

71, Rue de Rennes, 75006 Paris • Metro: Saint-Sulpice • +33 1 45 44 11 77 • www.brandymelville-france.com • Mo–Sa 11–19.30 Uhr

Eram

Im Vergleich zur Konkurrenz ist Eram ein **preisgünstiger Schuhladen**, der in Sachen Modell und Farbe mit den Modentrends der aktuellen Saison geht. Seine Kollektionen reichen vom Casual Style mit etwas gedeckteren Farben bis hin zur Rock Collection mit angesagten schwarzen Boots. Jedes Outfit, das man sich in Paris geleistet hat, kann bei Eram durch den perfekten Schuh komplettiert werden!

130, Rue de Rennes, 75006 Paris • Metro: Saint-Placide • +33 1 45 48 60 47 • www.eram.fr • Mo–Sa 9.30–20 Uhr

Im Süßigkeitenladen »Bonbon au palais« fühlen sich bekennende Zuckerliebhaber wie im Paradies. Süßes soweit das Auge reicht! →

✳ Eva Baz'Art

Eva Baz'Art ist ein hübsches Geschäft, das **hochwertige Souvenirs** verkauft, die nicht an jeder Ecke in Paris zu finden sind. Neben schönen Mitbringseln für sich selbst oder die beste Freundin bietet der Laden zahlreiche ausgefallene und originelle Dekoartikel für jeden Anlass. Interessante Entdeckung!

53, Rue Saint-André des Arts, 75006 Paris • Metro: Saint-Michel • +33 1 56 81 05 81 • www.evabazart.fr • Mo–Sa 11–20, So 12–20 Uhr

✳ FNAC

Die französische Handelskette FNAC hat sich auf Unterhaltungsmedien spezialisiert. Von Musik, über Computer bis hin zu Büchern und Unterhaltungselektronik hat das große Geschäft sehr viel zu bieten. Ideal für Touristen, die nach einer guten CD mit typisch **französischen Chansons** oder weltbekannten französischen Romanen suchen.

136, Rue de Rennes, 75006 Paris • Metro: Saint-Placide • +33 8 25 02 00 20 • www.fnac.com • Mo–Sa 10–20 Uhr

✳ Héroïnes

Übersetzt heißt Héroïnes »Heldinnen« – so sieht die Marke ihre Kundinnen, als Heldinnen des Alltags. Die englisch angehauchte, sehr moderne, farbenfrohe und **ein wenig verrückte Mode** findet ihre Inspiration zwischen London und Paris. Héroïnes bietet tolle, taillierte Schnitte, Teile mit originellen Drucken und peppigen Farben.

4, Rue de Buci, 75006 Paris • Metro: Odéon • +33 9 80 39 58 84 • www.boutiques-heroines.com • Mo–So 11–20 Uhr

✳ Repetto

Repetto ist eine französische Schuhmarke und Marktführer für Ballettschuhe. Die Läden der Marke sind super interessant, unzählige Ballettschuhe sind sorgfältig nach Größe geordnet in hohen Regalen untergebracht. Neben Ballettschuhen ist Repetto sehr bekannt für sein großes Angebot an **Ballerinas**, die in mehr als 200 Farben produziert werden. Wer hübsche Ballerinas für den Sommer in einer ganz bestimmten Farbe sucht, wird hier garantiert fündig!

Don't miss

Einmal im Jahr wird das beste Baguette der Stadt gewählt. Der Gewinner darf ein Jahr lang, jeden Morgen 20 Baguettes in den Elysée-Palast liefern. Testen kann man das Baguette des Jahres im Paradis du gourmand (156, rue Raymond Losserand, 75014 Paris).

51, Rue du Four, 75006 Paris • Metro: Saint-Sulpice • +33 1 45 44 98 65 • www.repetto.fr • Mo–Sa 10–19 Uhr

✳ San Marina

Der Schuhladen San Marina hat eines der größten **Schuhangebote** von Paris zu bieten. In den riesigen Läden der Marke findet man zu jeder Hose und zu jedem Rock den passenden Schuh. Von Ballerinas für heiße Sommertage bis hin zu warmen Stiefeln für den Winter gibt es bei San Marina Schuhe für jede Jahreszeit und jeden Anlass!

1, Boulevard Saint-Michel, 75005 Paris • Metro: Saint-Michel • +33 1 43 25 99 70 • www.sanmarina.fr • Mo–Sa 10–22 Uhr

✳ Somewhere

Die Boutique Somewhere liegt etwas versteckt im ehemaligen Markt von Saint-Germain. Schon auf den ersten Blick fühlt man sich im Laden wohl. Er ist großflächig und ideal zum Shoppen. Denn aufgrund seiner versteckten Lage ist er nie überfüllt. Bei Somewhere findet man **schöne Sachen** in aktuellen, modischen Farben und übersichtlich angeordnet. Ein sehr angenehmes Shoppingerlebnis!

Marché Saint-Germain, 14, Rue Lobineau, 75006 Paris • Metro: Mabillon • +33 1 43 26 82 12 • www.somewhere.fr • Mo–Sa 10–20 Uhr

↑ *Die kleine Boutique »Héroïnes« verkauft stylishe Kleidung. Bei der Pariser Fashion Week werden jedes Jahr neue Trends gesetzt.*

✳ Staggy

Staggy ist ein **hipper Schuhladen**, der die 15- bis 35-Jährigen als Zielgruppe anspricht. Der Schuhladen verkauft nach eigener Aussage trendy Schuhe im Urbain Style. Das heißt, bei Staggy gibt es coole Schuhe von mehr als 25 bekannten Marken wie Converse, Bensimon oder Van's zu kaufen. Alles in einer trendigen Atmosphäre mit giftgrün gestrichenen Wänden.

18, Rue de la Harpe, 75005 Paris • Metro: Saint-Michel, Cluny-La Sorbonne • Mo–Sa 10–19 Uhr

↑ *Auf der Suche nach ein paar schicken Schuhen? André hilft gern weiter. Das kleine Outlet bietet preisgünstige Schuhmode für jeden Geschmack.*

✳ Stock Andrē

Neben den typischen Läden der roten Marke, betreibt die Schuhkette Andrē auch ein Depot auf dem Boulevard Saint-Michel. Es handelt sich um eine Art Ausverkauf, in dem man **Schuhe** zu sehr günstigen Preisen finden kann. Der Stock Andrē ist ideal für Schnäppchen! Man sollte allerdings etwas Glück mitbringen, denn die vorhandenen Schuhpaare sind oft nur noch in bestimmten Größen verfügbar.

59, Boulevard Saint-Michel, 75005 Paris • Metro: Cluny-La Sorbonne, RER Luxembourg • +33 1 55 42 98 38 • www.andre.fr • Mo–Sa 9–19 Uhr

✳ Sud express

Die Marke Sud Express wurde 1987 gegründet. Sie ist erkennbar an ihrem kleinen Stern im Namen. Der Designer der Marke wählte den Stern als Symbol für das Unternehmen, da er seiner Meinung nach für die Schönheit der Frau steht. Die Mode des Labels ist sehr feminin und entspricht einem **Casual Chic** aus modernen, eleganten und romantischen Kleidungsstücken.

31, Boulevard Saint-Michel, 75005 Paris • Metro: Cluny-La Sorbonne • +33 1 40 51 85 92 • www.sudexpress.com • Mo–Sa 10.30–19.30 Uhr

✳ Zadig et Voltaire

Zadig et Voltaire ist eine junge, trendige französische Marke, die unter modebewussten Pariserinnen super angesagt ist. Sie steht für bezahlbaren Luxus im **Casual Rock Style**. Das Label ist für seine tollen Kleidungsstücke aus zarten Stoffen wie Seide und Kaschmir sehr begehrt. Top Adresse für einen größeren Geldbeutel!

1, Rue du Vieux Colombier, 75006 Paris • Metro: Saint-Sulpice • +33 1 43 29 18 29 • www.zadig-et-voltaire.com • Mo–Sa 10.30–19.30 Uhr

! Die Jagdsaison ist eröffnet: Paris im Shopping-Rausch

»Les Soldes« bezeichnen die jedes Jahr mit großer Vorfreude erwarteten Pariser Schlussverkäufe. Sie finden zwei Mal im Jahr statt, einmal im Sommer und einmal im Winter. Nicht nur Einheimische, sondern auch Touristen nutzen die Schlussverkäufe, um Markenware zu günstigen Preisen zu kaufen.

Der Sommer- und Winterschlussverkauf dauert in der Regel fünf Wochen. In dieser Zeit können attraktive Schnäppchen uneingeschränkt gejagt werden. Zu Beginn liegt der Rabatt bei etwa 20 bis 30 Prozent, gegen Ende der Schlussverkäufe wird noch einmal deutlich reduziert. Dann findet man Kleidungsstücke, die bis zu 70 Prozent unter ihrem vorherigen Ladenpreis liegen.

Die Bilder in den Abendnachrichten von den Ladenöffnungen am ersten Schlussverkaufstag sind jedes Jahr spektakulär. Bereits einige Stunden vor Verkaufsbeginn stehen riesige Menschenmassen vor den noch verschlossenen Türen der Geschäfte und warten auf den Startschuss zum heiß begehrten Schlussverkauf. Sobald die Türen der großen Kaufhäuser wie der Galeries Lafayette öffnen, wird gedrängelt und geschubst. Rennend stürmen die Ersten auf das bereits an den Tagen vor den *Soldes* ausgesuchte Objekt zu. Wer schnell ist, kann Designertaschen und Kleidungsstücke bekannter Marken, die auch zum Schlussverkauf nur in limitierter Anzahl vorhanden sind, zu reduzierten Preisen erstehen.

Viele Einheimische kleiden sich zum Schlussverkauf meist für das ganze Jahr ein, da auf diese Weise viel Geld gespart werden kann. Schlussverkäufe gehen einher mit vollen Geschäften, Wühltischen und langen Schlangen an den Kassen. Wer sich in den Schlussverkauf stürzt, sollte daher viel Zeit und Durchhaltevermögen mitbringen. Aber es lohnt sich! Neben dem Sommer- und Winterschlussverkauf bieten Geschäfte und Kaufhäuser wie beispielsweise die Galeries Lafayette das ganze Jahr über interessante Rabattaktionen an.

Restaurants & Cafés

Im Quartier Latin und in Saint-Germain-des-Prés gibt es eine Reihe schöner Restaurants und Cafés. Einige von ihnen liegen ganz versteckt abseits des Massentourismus, andere befinden sich in malerischem Ambiente auf kleinen, bezaubernden Plätzen. Ab und an bieten die Restaurants und Cafés südlich der Seine einen beeindruckenden Blick auf bekannte Pariser Sehenswürdigkeiten wie das Pantheon, die Sorbonne oder den Jardin du Luxembourg. Die Stimmung, die im quirligen Studentenviertel und im benachbarten intellektuellen Quartier Saint-Germain herrscht, macht die kleinen Cafés und Restaurants zu ganz besonderen Orten. Ihr Publikum aus Studenten, Touristen und Einheimischen ist bunt gemischt.

✳ Amorino

Amorino steht für hausgemachtes, leckeres, **italienisches Eis**. Die Auswahl an Eissorten ist riesig. Nachdem man die Größe der Waffel ausgewählt hat, kann man sich beliebig viele Eissorten aussuchen. Das Eis wird auf der Waffel kunstvoll zu einer Blume geformt – für jede Eissorte steht ein Blütenblatt. Echt toll!

4, Rue de Buci, 75006 Paris • Metro: Saint-Germain-des-Prēs • +331 43265746 • www.amorino.com • Mo–So 12–24 Uhr • Eis in der Waffel oder im Becher: 3,50–7 €

✳ L'avant-comptoir

Hier gibt es laut den Einheimischen die **besten Crêpes der Stadt**! Die Crêperie und Bars ā Hors-d'œuvres gehört Yves Camdeborde, einem sehr bekannten Pariser Sternechef, der seinen Gourmettempel genau nebenan eingerichtet hat. Auf dem Menü stehen qualitativ hochwertige und prall gefüllte Crêpes zu günstigen Preisen zum Mitnehmen. Die Schlange vor dem kleinen Laden ist immer wahnsinnig lang, aber anstehen lohnt sich!

3, Carrefour de l'Odēon, 75006 Paris • Metro: Odēon • +33144270797 • Mo–So 12–23 Uhr • Crêpe: ab 3,50 €

✳ La Baleine

Super gelegenes **Cafē-Restaurant**. La Baleine befindet sich mitten im botanischen Garten von Paris. Es besitzt zwei Außenterrassen, die besonders bei Sonnenschein sehr zu empfehlen sind. Das

Restaurant bietet Menüs mit Vorspeise und Hauptgang, Hauptgang und Dessert oder mit drei Gängen an. Daumen hoch für das kulinarische Angebot und die tolle Kulisse!

47, Rue Cuvier, 75005 Paris • Metro: Jussieu • +33 1 40 79 80 72 • www.restaurant-la-baleine.com • Mo–So 12–18 Uhr • Hauptgericht: ab 16,80 €

* Bar du Marché

Die rot-weiß-gestreifte Terrasse des **coolen Bar-Restaurants** zieht schon von Weitem interessierte Blicke auf sich. Spätestens wenn man die Kellner in ihren lässig bis sexy wirkenden blauen Latzhosen und Garroches sieht, hat man irgendwie Lust auf der im Winter beheizten Terrasse oder im trendy designten Innenraum Platz zu nehmen. Lockere Stimmung, tolles Straßenspektakel.

75, Rue de Seine, 75006 Paris • Metro: Mabillon, Saint-Germain-des-Prés • +33 1 43 26 55 15 • Mo–So 15–2 Uhr • Hauptgericht: ab 10 €

* La Bûcherie

Das Restaurant La Bûcherie liegt direkt **gegenüber von Notre-Dame** (S. 14). Es besitzt eine schöne Außenterrasse, die im Winter beheizt ist. Von hier aus kann man die Kathedrale in ihrer vollen Pracht das ganze Jahr über aus nächster Nähe betrachten und nebenbei etwas essen. Das Restaurant bietet Tagesgerichte und verschiedene Menüs an und verfügt über eine gute Wein- und Cocktailkarte.

41, Rue de la Bûcherie, 75005 Paris • Metro: Saint-Michel, RER Saint-Michel-Notre-Dame • +33 1 43 54 24 52 • www.labucherie.fr • Mo–So 7–2 Uhr • Vorspeise, Hauptgang und Dessert: 27,90 €

* Café Delmas Paris

Das Restaurant liegt genau in der Mitte der bekannten Rue Mouffetard auf einem runden Platz mit klitzekleinem Park. Es ist eine tolle Adresse für einen faulen, entspannten Vormittag

Ein Besuch einer Pariser Bäckerei ist sehr zu empfehlen. Die »Smiths Bakery« führt neben Süßem auch Herzhaftes. →

zum Frühstück oder eine wohlverdiente **Kaffeepause** am Nachmittag. Besonders begehrt sind die Plätze auf der langen, immer sonnigen und sehr gut besuchten Terrasse. Serviert wird leckeres Essen von Burgern bis Salat.

2, Place de la Contrescarpe, 75005 Paris • Metro: Cardinal Lemoine, Place Monge • +33 1 43 26 51 26 • www.cafedelmasparis.com • So–Do 7.30–2, Fr, Sa 7.30 bis 4 Uhr • Hauptgericht: ab 14 €

✳ Café du Métro

Das Restaurant liegt in einer hübschen Umgebung an einem kleinen Platz mit plätscherndem Brunnen im Quartier Latin. Es besitzt eine **große Außenterrasse**, die für den ersten Kaffee am Morgen, einen großen Salat zum Mittag oder ein ausgiebiges Diner mit ein paar Drinks am Abend sehr zu empfehlen ist.

18, Place Maubert, 75005 Paris • Metro: Maubert-Mutualité • +33 1 43 25 55 43 • Mo–So 6–2 Uhr • Hautgericht: ab 11 €

✳ Crêpes à gogo

Die Crêperie liegt genau zwischen dem Jardin du Luxembourg (S. 113) und dem Pantheon (S. 115) und bietet daher einen schönen Blick auf beide Sehenswürdigkeiten. Wer wie ein Franzose essen möchte, sollte in der **Crêperie** erst eine Galette und anschließend ein süßes Crêpe bestellen. Sehr zu empfehlen ist die *Galette au chèvre chaud* und das legendäre *Crêpe au caramel au beurre salé*, mit Karamell aus gesalzener Butter. Einfach köstlich!

12, Rue Soufflot, 75005 Paris • Metro: Cluny-La Sorbonne • +33 1 43 54 22 80 • www.gogo.fr/crepes • Mo–So 7–24 Uhr • Menü: mittags 12 €, abends 18 €

✳ Ecritoire

Die **Brasserie** liegt auf einem kleinen, pittoresken Platz vor der Sorbonne in den Gemäuern einer ehemaligen Bücherei. Am Brunnen in der Mitte des Platzes versammeln sich zur Mittagszeit zahlreiche Studenten, die ihr Baguette essen und sich über die letzte Vorlesung austauschen. Tolles Ambiente an einem Ort mit literarischer Vergangenheit!

Don't miss

Am Tour Montparnasse haben sich zahlreiche Franzosen aus der Bretagne niedergelassen und tolle Crêperien eröffnet. Wer Lust auf ein leckeres deftiges oder süßes Crêpe hat, ist hier genau richtig!

3, Place de la Sorbonne, 75005 Paris · Metro: Cluny-La Sorbonne · +33 1 43 29 13 51 · Mo–So 7–24 Uhr · Hauptgericht: ab 10 €

La fourmi ailée

La fourmi ailée ist ein hübscher *Salon de thé*, der sich in einer ehemaligen Bücherei befindet. Er ist schon von Weitem durch seine hellblau gestrichene Fassade zu erkennen. Der **Teesalon** verfügt über einen Kamin und überall an der Wand stehen Bücher. Die Karte ist übersichtlich, alle Gerichte sind hausgemacht. Geeignet für einen Tee oder Kaffee an kalten Wintertagen und eine leckere, frisch gebackene Tarte. Auch Mittagstisch und Gerichte für Vegetarier.

8, Rue du Fouarre, 75005 Paris · Metro: Maubert-Mutualité · +33 1 43 29 40 99 · www.parisresto.com · Mo–So 12 bis 24 Uhr · Hauptgericht: ab 9,80 €

Malongo

Die bekannte Marke Malongo betreibt in Saint-Germain ein **Kaffeehaus mit Boutique**. Es ist stylish mit Holz und anderen natürlichen Materialien eingerichtet. Neben Kaffeemaschinen und mehr als 45 Kaffeesorten, die in der Boutique gekauft und teilweise frisch gemahlen werden können, bietet das Café einen großen Lounge-Bereich an. Hier lassen sich die leckeren Kaffeesorten und mehr als 60 Teesorten wunderbar entspannt genießen.

50, Rue Saint-André des Arts, 75006 Paris · Metro: Odéon, Saint-Michel · +33 1 53 10 87 88 · www.malongo.com · Mo–Sa 9–20.30, So 10–19 Uhr

La Méthode

Das Restaurant La Méthode liegt wunderschön auf einem kleinen versteckten Platz abseits des Touristenstroms im Pariser Studentenviertel. Der ruhige Platz ist von Bäumen gesäumt. Dies macht die hübsche Außenterrasse des Restaurants bei warmen Temperaturen zu einem äußerst angenehmen Ort.

»Malongo« lädt zu einer kleinen Pause in sein gemütliches Pariser Kaffeehaus in Saint-Germain ein. Es duftet so gut nach frisch gemahlenem Kaffee. →

Serviert wird **traditionelle französische Küche**.

2, Rue Descartes, 75005 Paris • Metro: Cardinal Lemoine, Maubert-Mutualité • +33 1 43 54 22 43 • Mo–Sa 11–15, 18–23, So 11–23 Uhr • Hauptgericht: ab 11 €

✳ Le Petit Café

Gleich neben dem Restaurant La Méthode liegt das Petit Café. Seine Terrasse ist im Winter beheizt. Mit ihren runden Tischen und den markanten roten Stühlen ist sie bestens für einen **kleinen Snack** oder den Kaffee zwischendurch geeignet. Sehr zu empfehlen sind die üppigen, sehr leckeren Wurst- und Käseplatten, die mit frischem Baguette serviert werden. Wer sich nicht entscheiden kann, nimmt die gemischte Variante!

6, Rue Descartes, 75005 Paris • Metro: Cardinal Lemoine, Maubert-Mutualité • +33 1 44 07 35 69 • www.restaurant-lepetitcafe.fr • Mo–So 9–2 Uhr • Hauptgericht: ab 10 €

↓ *Für raffinierte Tartes und zarte Patisserie ist Paris weltbekannt. Im »Sugarplum Cake Shop« lassen eher üppige Torten das Wasser im Mund zusammenlaufen.*

✳ Pomme de pain

Pomme de pain ist eine französische Fast-Food-Kette. Kalte und warme **Sandwiches** werden auf Bestellung mit frischen Zutaten und leckerem Baguette zubereitet. Nimmt man ein Menü, bekommt man zum Sandwich ein Getränk und ein Dessert. Pomme de pain ist auch für Kaffee und Kuchen bestens geeignet. Die köstlichen *Tartes aux framboises* (Himbeertartes) sind sehr zu empfehlen!

18, Rue Soufflot, 75005 Paris • Metro: Cluny-La Sorbonne, RER Luxembourg • +33 1 43 26 40 65 • www.pommedepain.fr • Mo–Sa 8–19 Uhr • Sandwich: ab 3,40 €

✳ La salle à manger

Am unteren Ende der Rue Mouffetard in der Nähe des Marktes liegt dieses kleine Restaurant. Es verfügt über eine schöne, große Außenterrasse, die unter Bäumen auf der Straßenseite gegenüber liegt. Das vegetarische kleine Restaurant ist hübsch eingerichtet und strahlt einen hohen Wohlfühlfaktor aus. Unbedingt die leckeren, umfangreichen **Brunchangebote** testen!

136, Rue Mouffetard, 75005 Paris • Metro: Censier-Daubenton • +33 1 55 43 91 99 • www.la-salle-a-manger.blogspot.fr • April–Okt. Mo–Fr 8.30 bis 18.30, Sa, So 8.30–19, Nov.–März Mo–Fr 8.30–16.30, Sa, So 8.30 bis 19 Uhr • Hauptgericht: ab 10,90 €

The Smiths Bakery

Die kleine Bäckerei hat eine feine Auswahl an Viennoiserie wie Croissants oder *Pains au chocolat* zu bieten. Geschätzt wird die **Bäckerei** vor allem für ihre süßen Cakes in Kastenform, ihre leckeren Quiches, Bagels, knackigen Salate, Burger und Sandwiches. Besonders empfehlenswert sind die *Tartes aux framboises* und die frisch zubereiteten Crumbles. Unbedingt testen! Es gibt mehrere Menüs für Frühstück, Sandwiches und Quiches!

12, Rue de Buci, 75006 Paris • Metro: Mabillon, Saint-Germain-des-Prés • +33 1 43 54 96 96 • www.thesmithsbakery.com • Mo–So 8.30–24 Uhr • Mittagmenü: 9,50 €

Sugarplum Cake Shop

Ein Muss für alle Kuchenfans mit großem Hunger! Der Cake- und Coffeeshop ist sehr stylish eingerichtet. Er liegt in einer ruhigen Seitenstraße im Quartier Latin und besitzt eine ganz kleine Außenterrasse. An der Theke bietet sich **Kuchenliebhabern** ein paradiesisches Bild: riesige Torten in verschiedenen Geschmacksrichtungen, einige davon sogar mit mehreren Etagen. Da läuft einem buchstäblich das Wasser im Mund zusammen!

68, Rue du Cardinal Lemoine, 75005 Paris • Metro: Cardinal Lemoine • +33 1 46 34 07 43 • www.sugarplumcakeshop.com • Di–So 10–19 Uhr • Stück Kuchen: 4 €

Tennessee

Das amerikanische Restaurant ist bekannt für seine **leckeren Burger**, Tapas und Salate. Es liegt sehr schön am Eingang einer kleinen Passage, in der es auch andere Bars und Restaurants gibt. Jeden Montagabend veranstaltet das Tennessee eine kostenlose »Open mic Night«: Dann kann man ab 21 Uhr verschiedene Live-Acts erleben.

130, Boulevard Saint-Germain, 75006 Paris • Metro: Odéon • +33 1 46 34 66 31 • Mo–Sa 8–2 Uhr • Hauptgericht: ab 11 €

Wellness

Auf der südlichen Seite der Seine gibt es ein paar tolle Adressen, um sich in der Millionenmetropole Paris nach einem ganzen Tag Sightseeing und Shoppen richtig zu entspannen. Ob relaxen bei einer Maniküre oder abschalten bei einer wohltuenden Massage, auf der Rive Gauche ist alles möglich! Neben Nail Bars und verschiedenen Schönheitssalons, gibt es außergewöhnliche Orte, an denen man die Seele baumeln lassen kann. Die Moschee von Paris (S. 130) zum Beispiel lädt Frauen zu einem tiefenentspannenden Rundum-Verwöhnprogramm in orientalischem Flair in ihr großes Hamam ein. Die Hamam-Tradition ist in Paris weit verbreitet. Testen lohnt sich, denn sie gewährt einen interessanten Einblick in eine andere Kultur!

* Etat Pur

Etat Pur ist ein Concept Store, der hochwertige Produkte für Gesichts- und Körperpflege vertreibt. Da ohne Werbung und großartige Verpackung gearbeitet wird, sind die **Pflegeprodukte** sehr günstig. Die beiden Produktlinien, A für Aktivstoffe und B für Pflegeprodukte, ermöglichen ganz individuelle Hautpflegelösungen. Von Hyaluronsäure und Q10, über Aloe Vera, Argan und Koffein gibt es für jedes Hautproblem eine Lösung! Beim ersten Besuch bei Etat Pur kann man zudem das Alter seiner Haut bestimmen lassen!

24, Rue du Regard, 75006 Paris · Metro: Saint-Placide · +33 1 75 77 79 50 · www.etatpur.com · Mo 12–19, Di–Sa 10.30–19 Uhr · Pflegeprodukte: ab 9,80 €

* Hammam Mosquée de Paris

In Paris ist die Tradition des **orientalischen Hamam** weit verbreitet. Die Moschee von Paris zum Beispiel bietet ein tolles Komplettprogramm nur für Frauen, mit Zugang zum Hamam, einem Peeling mit schwarzer Seife und einer

Don't miss

Unglaublich, aber wahr: Auf der Seine gibt es ein schwimmendes Schwimmbad. Das Piscine Joséphine Baker (www.paris.fr) befindet sich auf einem Hausboot am Quai François Mauriac.

Massage an. In der »Formule orientale« sind zudem ein Couscous oder eine Tajine im Restaurant sowie ein Minztee mit orientalischem Gebäck im Café der Moschee enthalten.

39, Rue Geoffrey Saint-Hilaire, 75005 Paris • Metro: Place Monge • +331 43313820 • www.la-mosquee.com • Mi–Mo 10–21 Uhr • Formule orientale: 63 €

✳ Nail Bar Paris / New York

Was bekommt man noch für fünf Euro in Paris? In dieser **Nail Bar** im New York Style kann man sich für diesen Betrag die Nägel in den knalligsten und angesagtesten Farben der Saison lackieren lassen. Jeden ersten Donnerstagabend im Monat wird die Champagnerflasche geköpft, wenn man sich mit mehreren Freundinnen die Nägel lackieren lässt! Prost!

38, Rue de Varenne, 75007 Paris • Metro: Rue du Bac • +33142840239 • Di–Sa 10–20 Uhr • Nägel lackieren: 5 €

✳ Short Time

Das Spa Short Time liegt ganz in der Nähe des Pantheons. Das umfangreiche Angebot von **Sport- und Wellnesseinheiten** zielt auf die körperliche Fitness und das Wohlbefinden gestresster Stadtbewohner und Paris-Besucher ab. Viele Kunden halten sich mit dem Power-Plate oder dem Spinningrad fit und genießen nach dem anstrengenden Sport eine angenehme Massage. Hier gilt: Erst die Arbeit und dann das Vergnügen!

25, Rue Descartes, 75005 Paris • Metro: Cardinal Lemoine • +33143299352 • www.short-time.fr • Mo, Mi 16.30–21, Di, Do, Fr 8–14.30, 16.30–21, Sa 9.30–14 Uhr • Spinning: 12 €

✳ Thai-Rachawadee

Das **thailändische Spa** im Pariser Süden hat ein thailändischer Innenarchitekt nach traditioneller Art eingerichtet. Die Mitarbeiter des Spas wurden in Thailand in der »What Po School« ausgebildet. Neben einem Hamam und verschiedenen traditionellen Massagen bietet das Thai-Rachawadee Komplett-Packages wie das »Bangkok Express« an. Hierbei handelt es sich um eine Reflexzonenmassage, bei der Füße, Rücken und Schultern sowie der Kopf und das Gesicht massiert werden. Tiefenentspannung pur!

1, Rue de la Collégiale, 75005 Paris • Metro: Les Gobelins • +33145358598 • www.thai-rachawadee.fr • Mo–Sa 11–20 Uhr • Bangkok Express: 99 €

Ausgehen

Das Quartier Latin ist durch seine vielen französischen und internationalen Studenten sehr belebt. Tagsüber sieht man sie im Jardin du Luxembourg zum Déjeuner ihr belegtes Baguette essen oder von einer Vorlesung zur Nächsten eilen. Abends sind sie in den zahlreichen Bars des Viertels und am Wochenende in den angesagtesten Clubs des Quartier Latin zu finden. Das Studentenviertel, das benachbarte Saint-Germain und das 13. Pariser Arrondissement haben durch ihre Lage direkt an der Seine einige hippe Partylocations zu bieten. Hierzu zählen riesige Open-Air-Terrassen am Ufer der Seine oder in luftiger Höhe sowie coole Hausboote, auf denen bis zum Sonnenaufgang ausgelassen gefeiert wird.

* 43 Up the Roof

Die Cocktailbar liegt in der 8. Etage auf dem Dach eines Pariser Hotels, ganz in der Nähe der Kathedrale Notre-Dame (S. 14). Die Bar bietet einen atemberaubenden Blick über die Stadt und ist für Hotelgäste und 50 weitere Personen geöffnet. Daher unbedingt vorher reservieren, um **klasse Cocktails** mit außergewöhnlichen Zutaten und den beeindruckenden Blick aufs Pantheon, die Notre-Dame, den Louvre und den Eiffelturm genießen zu können!

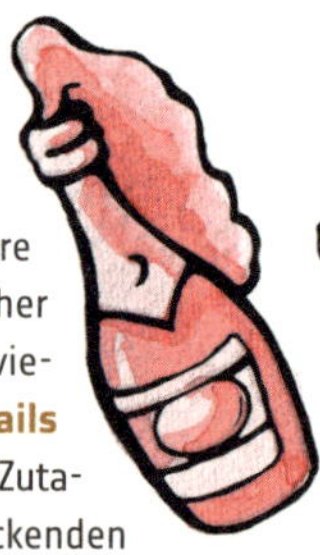

4, Rue Danton, 75006 Paris • +331 81690060 • www.holidayinn.com • Di–Sa 16–24 Uhr

* Batofar

Vor der Bibliothèque Nationale de France liegt das **bekannteste Partyschiff** von Paris vor Anker. Es ist nur schwer zu verfehlen, denn schon von Weitem leuchtet es ganz in Rot und auf seinem Deck befindet sich ein kleiner Leuchtturm. Das Batofar eignet sich vor allem für Elektro- und Techno-Fans. Von Juni bis September richtet das Batofar seine eigene kleine Strandbar am Seineufer ein. Mittwoch und Donnerstag ist der Eintritt kostenlos.

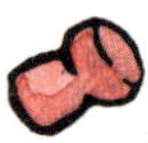

Port de la Gare, 75013 Paris • Metro: Bibliothèque François Mitterrand • +33153601700 • www.batofar.org • Mo 12–14.30, Di 12–14.30, 19–23.30, Mi–Sa 12–14.30, 19–6 Uhr • Eintritt: frei oder ab 10 € je nach Event

Curio Parlor

Curio Parlor ist eine trendige und **ultraschicke Cocktailbar**, die nicht weit von den Ufern der Seine entfernt liegt. Die Barkeeper dieser klitzekleinen Bar mixen eine Reihe toller Cocktails, die man in einem eher untypischen Ambiente zwischen ausgestopften, kleinen Tierchen, Fossilien und Skeletten genießen kann. Unter der Woche wird der Zutritt stark selektiert.

16, Rue des Bernardins, 75005 Paris • Metro: Maubert-Mutualité • +33 1 44 07 12 47 • www.curioparlor.com • Di–Do 20–2, Fr, Sa 20–4 Uhr

Djoon

Nicht weit entfernt vom Partyschiff Batofar entfernt, wird das Restaurant Djoon ab 23 Uhr zu einem **angesagten Nachtclub**. Hier findet jeden ersten Samstag im Monat eine der besten Funk-Partys von Paris statt. Die DJs spielen das Beste, was die Musikrichtung hergibt, und das Publikum feiert die Nacht durch. Oft mischen sich professionelle Tänzer unter die Feierwütigen und zeigen ihr Können.

22, Boulevard Vincent Auriol, 75013 Paris • Metro: Quai de la Gare • +33 1 45 70 83 49 • www.djoon.com • Mo, Di 10–15.30, Mi 10–1.30, Do 10–24, Fr 10–5, Sa 19–5 Uhr • Eintritt: frei oder ab 10 € je nach Event

Wirklich außergewöhnlich: Im »Nüba« legen angesagte DJs in einer kleinen Holzhütte auf. Diese verleiht dem Club über den Dächern von Paris ein angenehmes Strandfeeling. →

L'Hypnose Cocktail Bar

Dies ist eine der günstigsten Cocktailbars der Stadt. Die **coole Bar** erstreckt sich über zwei Etagen. Oben herrscht eine ruhigere Stimmung, zu einem Drink kann man eine Käse- oder Wurstplatte bestellen. Unten wird getanzt und ausgelassen gefeiert, meist mit DJs und Konzerten. Auf der Karte stehen zwölf leckere Cocktails, die zum festen Preis von nur 8 Euro über die Theke gehen. Flambierte Shots heizen die Stimmung an!

15, Rue Monsieur-le-Prince, 75006 Paris • Metro: Odéon • +33 9 53 81 92 76 • www.hypnosecocktailbar.com • Di–Sa 18–2 Uhr

Jane Club

Hübscher **Nightclub** mitten in Saint-Germain. Sein Design ist schick, er verfügt über eine große Tanzfläche und ein top Soundsystem, das die regelmäßigen Konzerte im Club zu einem ganz besonderen Erlebnis macht. Bis 1 Uhr nachts herrscht Mojito-Happy-Hour, dann gibt es das Kultgetränk zu günstigen Preisen. Auf der Bühne des Clubs, der sich vorher in den Räumlichkeiten befand, haben Musikgrößen wie Jim Morrison gespielt.

62, Rue Mazarine, 75006 Paris • Metro: Odéon • +33 1 55 42 22 01 • www.janeclub.fr • Fr, Sa 22.30–6, So 15.30 bis 2 Uhr • Eintritt: ab 10 €

Latin Corner

Das Latin Corner ist eine **»Bar for crazy nights«**, die ihren Namen mehr als verdient. Der Ort ist ideal für eine Mädels-Night, denn die ausschließlich männliche Bedienung trägt nur das Nötigste. Unbedingt vor 10 Uhr da sein, denn Punkt 10 gehen die Lichter aus und die sehr gut gebauten Kellner strippen! Die Bar wird zu 80 Prozent von Mädels besucht, die BHs an der Decke zeugen von ausgelassenen Partynächten!

12, Rue de la Huchette, 75005 Paris • Metro: Saint-Michel • +33 1 43 54 16 04 • Sa–Mi 16–24, Do, Fr 16–4 Uhr

Nüba

Wenn man das »ü« wie ein »u« spricht, dann spricht man den Namen des Clubs richtig aus. Das Nüba befindet sich in toller Lage auf dem Dach der Cité de la Mode et du Design. Die Dachterrasse bietet eine außergewöhnliche Panoramasicht auf die umliegenden Seineufer. Die Stimmung im **Club** ist lässig. DJs legen bis 23 Uhr im Dachgarten, danach bis in die frühen Morgenstunden im sogenannten Tempel auf.

36, Quai d'Austerlitz, 75013 Paris • Metro: Gare d'Austerlitz • +33 1 76 77 34 85 • www.nuba-paris.fr • Di–Sa 12–15, 18–23 Uhr

La Pachanga

Ein Muss **für alle Salsa-Verrückten** in Paris! Für Anfänger und Fortgeschrittene eignen sich die Salsakurse, die um 19 und 20 Uhr stattfinden. Es gibt mehrere Eintrittsoptionen, ein oder zwei Cocktails und der Teilnahme am Kurs. Zu späterer Stunde wird die Stimmung caliente (heiß), dann packen die mitreißenden Latino-Rhythmen wirklich jeden und die Tanzfläche füllt sich rasant.

8, Rue Vandamme, 75014 Paris • Metro: Edgar Quinet, Gaîté • +33 1 56 80 11 40 • www.lapachanga.fr • Mo–Mi 19–24, Do, Fr 19–5, Sa 19–1, So 18.30–24 Uhr • Zutritt zum Club inkl. Getränk und Salsa-Kurs: ab 8 €

Paris by night: Abends sind viele Sehenswürdigkeiten und Ausgehmöglichkeiten der Stadt durch besondere Lichtakzente schön in Szene gesetzt.

⁕ Paradis Latin

Nach Moulin Rouge (S. 47), dem Crazy Horse und dem Lido ist das Paradis Latin eines der bekanntesten **Cabarets** der Stadt. In der Show wird unter anderem der French Cancan von klasse Tänzerinnen auf beeindruckende Weise aufgeführt. Der Livegesang, die sehr aufwendigen Kostüme und die tollen akrobatischen Nummern machen den Besuch im Cabaret zu einem tollen Erlebnis!

28, Rue du Cardinal Lemoine, 75005 Paris • Metro: Cardinal Lemoine, Jussieu • +33 1 43 25 28 28 • www.paradislatin.com • Show: ab 65 €

⁕ Prescription Cocktail Club

Nette **Cocktailbar** mit gedämmtem Licht, kleiner Bibliothek, Wendeltreppe und bequemen Sesseln aus Velours. Auf der Karte stehen ein dutzend Cocktails ab 13 Euro aufwärts. Ganz besonders lecker ist der Cocktail »Zombie« mit drei verschiedenen Sorten Rum, Zitrone und Absinth, der flambiert serviert wird. Der Prescription Cocktailclub ist schick, aber lässig!

23, Rue Mazarine, 75006 Paris • Metro: Odéon • +33 9 50 35 72 87 • www.prescriptioncocktailclub.com • Sa–Mi 18–1, Do, Fr 18–2 Uhr

⁕ Le Saint Discothèque

Die **kleine Diskothek** liegt mitten im Pariser Studentenviertel, daher sind viele Studenten unter den Partygästen. Die Stimmung in den alten Gewölbekellern ist ausgelassenen und angenehm. Jeden Samstag und Sonntag lädt die »heilige Diskothek«, so ihr Name, von 2 bis 6 Uhr zur Salsa-Nacht ein. Samstags haben Mädels bis 24 Uhr freien Eintritt.

7, Rue Saint-Séverin, 75005 Paris • Metro: Saint-Michel • +33 1 40 20 43 23 • www.lesaintdisco.com • Fr–So 23 bis 5 Uhr • Eintritt: frei oder 15 € mit Getränk je nach Event

⁕ Le Schmuck Saint-Germain

Wie der Name schon sagt, ist diese **Cocktailbar** schmuck eingerichtet. Sie beschreibt sich selbst als barock und britisch zugleich und besticht durch

Don't miss

Pariser Charme am Quai Saint-Bernard: Von Mai–September wird in drei kleinen Open Air Amphitheatern direkt an der Seine zu Salsa- und Tango-rhythmen getanzt. Abends ab 19 Uhr, offen für alle und gratis. Tolle Stimmung!

Spiegel, Kunstwerke und pompöse Kerzenleuchter. Cocktails kosten um die 15 Euro. Einmal im Monat findet donnerstags von 23 bis 4 Uhr eine Prohibition-Party mit Swing, Poker, Roulette, Barbier und Cocktails statt. Voraussetzung ist ein angepasster Kleidungsstil!

1, Rue de Condé, 75006 Paris • Metro: Odéon • +33 1 43 54 18 21 • www.schmuckrestaurant.com • So–Mi 12–23, Do–Sa 12–23.30 Uhr

L'Urgence Bar

Der Einfluss der medizinischen Fakultät der Universität La Sorbonne, die nicht weit vom Club entfernt liegt, ist nicht nur im Namen »Le bar de malade« zu spüren. Cocktails tragen ausgefallene Namen wie »Elektroschock« und überall im Club hängen Röntgenaufnahmen. Medizinisches Material und **Krankenhausflair** mit Reagenzgläsern und Fläschchen, die als Gläser dienen, runden das flippige und witzige Innendesign des Clubs ab. Die Rechnung gibt's als Rezept!

45, Rue Monsieur-le-Prince, 75006 Paris • Metro: Odéon • +33 1 43 26 45 69 • www.urgancebar.com • Di–Do 21–3, Fr, Sa 21–4 Uhr

Wanderlust

Wanderlust ist eine **sehr bekannte Pariser Party-Location**. Sie liegt im Erdgeschoss des Gebäudes, in dem sich auch der Club Nüba befindet. Auf 1600 Quadratmeter hat man wahnsinnig viel Platz zum Tanzen. Die riesige Holzterrasse des Clubs eignet sich bestens für ausgelassene Partynächte mit Blick auf die Seine. Ideal auch, um schöne Sonnenuntergänge mit einem Cocktail in der Hand zu genießen.

32, Quai d'Austerlitz, 75013 Paris • Metro: Gare d'Austerlitz • +33 1 70 74 41 74 • www.wanderlustparis.com • Do–Sa 10–6 Uhr • Eintritt: frei oder ab 8 € je nach Event

Le ZinZin

Le ZinZin ist ein erst kürzlich eröffneter **Nightclub** auf der Pariser Rive Gauche. Er ist ausgestattet mit schwarzen Kacheln, roten LEDs, schwarzen Sitzbänken und passenden Tischen. Alles zusammen ergibt einen angesagten Eighties-Style. Die ausgelassene Partystimmung bis in die frühen Morgenstunden und die leckeren Cocktails sind einen Besuch wert!

4, Rue Sainte Beuve, 75006 Paris • Metro: Notre-Dame-des-Champs • +33 1 45 49 48 40 • www.lezinzin.com • Do–Sa 0–6 Uhr • Eintritt: frei

Übernachten

Übernachtungsmöglichkeiten gibt es auf der südliche Seineseite mehr als genug. Ob großer oder kleiner Geldbeutel, für jedes Budget gibt es die passende Unterkunft. Im Quartier Latin und in Saint-Germain-de-Prés befinden sich viele kleinere Hotels, deren Zimmerpreise pro Übernachtung oft über dem Pariser Durchschnitt liegen. Etwas außerhalb dieser Viertel, zum Beispiel in der Nähe von Montparnasse oder dem Place d'Italie, kann man schöne Hotels zu einem guten Preis-Leistungsverhältnis finden. Wer pro Hotelnacht nicht mehr als 100 Euro ausgeben möchte, sollte sich hier umsehen. Da das Pariser Metronetz super verzweigt ist, fährt man auch von Vierteln, die etwas außerhalb liegen, schnell ins Zentrum der Stadt.

* Aviatic Hôtel

Das Aviatic ist ein **Drei-Sterne-Hotel** im Viertel Montparnasse. Es verfügt über 42 moderne, hübsch eingerichtete Zwei- und Dreibettzimmer, die alle mit Parkett und Klimaanlage ausgestattet sind. Ein leckeres Frühstück gibt es pro Person für 14 Euro. In unmittelbarer Nähe befinden sich Metrostation, Restaurants und Geschäfte. Auch der Jardin du Luxembourg (S. 113) ist nicht weit.

105, Rue de Vaugirard, 75006 Paris • Metro: Falguière, Montparnasse-Bienvenüe • +33 1 53 63 25 50 • www.aviatichotel.com • DZ: ab 120 €

* Fred Hôtel

Tolle Adresse in der Nähe des Flohmarkts an der Porte de Vanves. Das **hochmoderne Drei-Sterne-Hotel** verfügt über 36 kleine, hübsch eingerichtete Doppel- und Dreibettzimmer mit kostenlosem WLAN und einer Mini-Sitzecke. Das umfangreiche Frühstück inklusive Selbstgebackenem gibt es für einen Aufpreis von 12 Euro pro Person.

11, Avenue Villemain, 75014 Paris • Metro: Plaisance • +33 1 45 43 24 18 • www.fred-hotel.com • DZ: ab 99 €

* Hôtel André Latin

Nur ein paar Gehminuten vom Jardin du Luxembourg (S. 113) entfernt, liegt das **Comfort Hotel** mit seinen insgesamt 69 Zimmern. Es bietet seinen Gästen ein kostenloses WLAN-Netz sowie ein kontinentales Frühstück für 12 Euro pro Person. Wer nicht im Hotel frühstücken möchte, findet andere Frühstücksmöglichkeiten ganz in der Nähe.

52, Rue Gay-Lussac, 75005 Paris • Metro: RER Luxembourg • +331 43547660 • www.andre-latin-paris-hotel.com • DZ: ab 110 €

Hôtel Clairefontaine

Nahe des Cimetière Montparnasse befindet sich dieses Drei-Sterne-Hotel. Es verfügt über 22 moderne, **farbenfrohe Zimmer** für zwei bis drei Personen, eine sehr gute Anbindung an die öffentlichen Verkehrsmittel und kostenloses WLAN. Das Frühstück kostet 10 Euro und kann auf der Terrasse eingenommen werden. Ideal für Touristen, die am Flughafen Orly ankommen und mit dem Orlybus bis Denfert-Rochereau fahren.

11, Rue Fermat, 75014 Paris • Metro: Gaîté • +33143220520 • www.hotel-clairefontaine-paris.fr • DZ: ab 85€

Hôtel Mayet

Das **Drei-Sterne-Designhotel** liegt zwischen zwei Metrostationen und ist daher optimal an die öffentlichen Verkehrsmittel angebunden. Das Hotel verfügt über 23 kleine, hübsch designte Doppelzimmer und kostenloses WLAN-Netz. Das Frühstück kostet 10 Euro pro Kopf.

3, Rue Mayet, 75006 Paris • Metro: Duroc, Vaneau • +33147832135 • www.mayet.com • DZ: ab 100 €

Hôtel du Midi Paris Montparnasse

Manche kennen die Rue Daguerre vielleicht noch aus der ersten Französischlektion. In der belebten Straße des Viertels Montparnasse liegt dieses Drei-Sterne-Hotel, das sich durch ein **gutes Preis-Leistungsverhältnis** auszeichnet. Es besitzt 30 Zimmer für ein bis drei Personen, das Frühstücksbuffet kostet 10 Euro und das WLAN ist gratis.

4, Avenue René Coty, 75014 Paris • Metro: Mouton-Duvernet, Saint-Jacques • +33143272325 • www.midi-hotel-paris.com • DZ: ab 94 €

Hôtel Minerve

Die beiden Pariser Stadtinseln und die Ufer der Seine sind vom Hotel aus wunderbar zu Fuß zu erreichen. Das Drei-Sterne-Hotel hat 54 **individuell eingerichtete Zimmer** für ein bis zwei Personen inklusive WLAN zu bieten. Das typisch französische Frühstücksbuffet kostet 9 Euro pro Person. Viele Sehenswürdigkeiten, Geschäfte und Restaurants befinden sich ganz in der Nähe.

13, Rue des Écoles, 75005 Paris • Metro: Cardinal Lemoine • +331 43262604 • www.parishotelminerve.com • DZ: ab 109 €

Hôtel Mistral

Das Drei-Sterne-Hotel bietet 37 sehr kleine, aber modern eingerichtete Doppel- und Dreibettzimmer an. Das hoteleigene WLAN kann im gesamten Hotel kostenlos genutzt werden. Frühstück gibt es in Form eines Buffets für 10 Euro pro Person. Ein Pluspunkt ist die kleine **Blumenterrasse** des Hotels, auf der man frühstücken kann.

24, Rue Cels, 75014 Paris • Metro: Gaîté • +33 1 43 20 25 43 • www.hotel-mistral-paris.com • DZ: ab 120 €

Hôtel La Perle

Im schönen Saint-Germain, **nicht weit von der Île de la Cité** entfernt, liegt dieses schöne 38 Zimmer große Drei-Sterne-Hotel. Die Anbindung an die öffentlichen Verkehrsmittel ist top, denn drei Metrostationen liegen in naher Umgebung. Notre-Dame (S. 14) ist zu Fuß erreichbar. Alle Doppelzimmer verfügen über kostenfreies WLAN. Das Hotel besitzt einen kleinen Innenhof, für 13 Euro wird das Frühstücksbuffet serviert.

14, Rue des Canettes, 75006 Paris • Metro: Mabillon, Saint-Germain-des-Prés • +33 1 43 29 10 10 • www.hotel-paris-laperle.com • DZ: ab 140 €

La Manufacture

Nahe des Place d'Italie befindet sich das Hotel La Manufacture mit 56 kleinen, modern eingerichteten Zimmern. Die Anbindung an die öffentlichen Verkehrsmittel ist gut, es gibt ein kostenloses WLAN und das Frühstücksbuffet kostet 13 Euro pro Person. Das Personal des Hotels ist sehr freundlich.

8, Rue Philippe de Champagne, 75013 Paris • Metro: Place d'Italie • +33 1 45 35 45 25 • www.hotel-la-manufacture.com • DZ: ab 140 €

Oops Budget Hôtel

Die Herberge mit Privat- und Mehrbettzimmern hat 2007 eröffnet. Sie liegt südlich der Kathedrale Notre-Dame (S. 14), **nah am Viertel Montparnasse**. Neben gewagten Tapeten gibt es bequeme Duschen, Klimaanlage, Aufzüge und gratis WLAN. Das Personal ist hilfreich, auch auf Englisch. Das Frühstück ist im Zimmerpreis inbegriffen. Daumen hoch für eine sehr günstige Unterkunft.

50, Avenue des Gobelins, 75013 Paris • Metro: Les Gobelins, Place d'Italie • +33 1 47 07 47 00 • www.oops-paris.com • Bett: ab 27 €

Solar Hôtel

Das **erste ökologische Hotel** von Paris. Es achtet auf möglichst geringen Energieverbrauch und Nachhaltigkeit. Das Hotel hat insgesamt 24 Zimmer und serviert morgens ein Biofrühstück, das wie WLAN und Fahrradverleih im Zimmerpreis bereits inbegriffen ist.

22, Rue Boulard, 75014 Paris • Metro: Mouton-Duvernet • +33 1 43 21 08 20 • www.solarhotel.fr • DZ: 79 €

! Alternativen zur Nacht im Hotel

Der Preis für eine Hotelnacht in Paris liegt im Durchschnitt bei 88 Euro für ein Zwei-Sterne-Hotel und bei 116 Euro für ein Drei-Sterne-Hotel. Da der Preis nicht unbedingt mit Qualität einhergeht und viele Pariser Hotels Übernachtungen auf kleinstem Raum anbieten, werden alternative Übernachtungsmöglichkeiten unter Touristen immer beliebter.

In den letzten Jahren wurden zahlreiche Buchungsportale für private Apartments wie Wimdu, Airbnb oder 9flats entwickelt. Das Konzept ist einfach und sehr attraktiv: Einheimische können Touristen ihre Apartments für Kurzaufenthalte zur Verfügung stellen. Der Vorteil ist, dass sie komplett ausgestattet und viel größer als typische Pariser Hotelzimmer sind. Gerade wenn man mit mehreren Leuten in Paris Urlaub macht, sind private Apartments eine super Idee. Denn man spart Einiges an Übernachtungskosten, ist unabhängig und kann zusammen kochen. Wer nicht jeden Tag mittags und abends im Restaurant isst, kann das Urlaubsbudget schonen. Und wer hat nicht schon einmal davon geträumt, in ein echtes Pariser Apartment aus Haussmann'scher Zeit zu schauen? Die genannten Buchungsportale machen es möglich. Zudem lernt man Einheimische kennen, bekommt wertvolle Tipps und kann bei Bedarf Fragen stellen.

Neben privaten Apartments stehen Jugendherbergen hoch im Kurs, denn sie stellen die mitunter günstigsten Übernachtungsmöglichkeiten in Paris dar. Erst 2013 hat die nigelnagelneue Auberge Pajol (20, rue Pajol 75018 Paris) mit mehr als 300 Betten im Norden der Stadt eröffnet. Neue Pläne für eine Jugendherberge in großem Stil liegen der Stadt Paris bereits vor. 2014 soll eine neue Auberge mit fast 1000 Betten eröffnen.

Die Nachfrage an günstigen Übernachtungsmöglichkeiten wächst. Paris hat außerdem schöne Gästezimmer zu bieten. Wer in einem privaten Gästezimmer übernachtet, hat das Glück, Paris und seine Einwohner näher kennenzulernen.

Der Osten

Weitab vom Pariser Chic, unkonventionell und lässig. Mit lockerer Stimmung in Bars und Cafés, bekannten Persönlichkeiten und alten Weinkellern in neuem Design

Im Osten der Stadt liegen die Viertel Belleville und Ménilmontant. Sie werden im Französischen als »quartiers populaires« bezeichnet. Viele Immigranten aus China und Afrika haben sich in diesen Stadtteilen niedergelassen. Ihre Bevölkerungsstruktur ist von Herkunft, Hautfarbe und Religion bunt gemischt. Im Vergleich zum Pariser Stadtzentrum, dem hippen Marais oder der Gegend um den Eiffelturm wirken die Viertel im Osten der Stadt auf den ersten Blick für Touristen wenig attraktiv. Schaut man genau hin, stellt man aber fest, dass der Osten als Kontrastprogramm zum schicken Pariser Westen zahlreiche Highlights zu bieten hat.

Die Quartiers Bastille, Oberkampf und Ménilmontant ziehen die Pariser Partyszene magisch an. Viele Bars und Clubs bevorzugen ein gewollt unperfektes Design, das in Paris auch gerne als »Berliner Style« bezeichnet wird. Der größte Anziehungspunkt für Paris-Besucher ist der bekannte Friedhof Père Lachaise (S. 149), auf dem zahlreiche Berühmtheiten begraben liegen. Um die Suche nach einer bestimmten Grabstätte zu erleichtern, gibt es am Eingang des Friedhofs für jeden Besucher einen Lageplan.

Im Osten der Stadt liegt außerdem die Bastille, ein sehr geschichtsträchtiger Ort. Von hier zieht sich der Canal Saint-Martin bis zum Bassin de la Villette durch den Osten von Paris. Bei sommerlichen Temperaturen sind die Uferpromenaden des Kanals abends bis auf den letzten Platz besetzt. Hier wird getrunken, gepicknickt und die Leichtigkeit des Seins genossen.

Ein weiterer Höhepunkt des Stadtteils ist Bercy Village (S. 148), ein ehemaliges Weindepot, wo man aufgrund seiner zahlreichen Restaurants ganz wunderbar essen gehen kann. Auf dem Sightseeingprogramm sollte außerdem die weniger bekannte *Coulée verte* (S. 152) nicht fehlen. Die alte Eisenbahnstrecke wird heute für ausgiebige, entdeckungsreiche Spaziergänge genutzt.

André
Crimée
St Christopher's Inns
Riquet
O.kay Cafe
Ourcq
Bassin de la Villette
Bar Ourcq
Laumière
Marx Dormoy
La Chapelle
Boulevard de la Chapelle
Stalingrad
25° Est
Le Jaurès Café
Jaurès
Kaskad Café
Louis Blanc
Bolivar
Rosa Bonheur
Estampe
Parc des Buttes Chaumont
Paris Villette
Château Landon
Buttes Chaumont
Colonel Fabien
Gare de l'Est
La Petite Maison dans la Villette
Le 9B
Pyrénées
O'Paris
Belleville
The Loft Hostel Paris
Aux Folies
Jacques Bonsergent
Goncourt
Couronnes
Favela Chic
L'Autre Café
Alimentation Générale
International
Nouveau Casino
République
Ménilmontant
La Féline
Temple
Le Little
Jeanne A
Café Charbon
Musée Édith Piaf
L'échappée
Parmentier
Made by moi
Hôtel Verlain
L'Éventail
Le Plein Soleil
Oberkampf
Rue St Maur
Les Petits Soins
Boutique Les Oiseaux
L'Hôtel des Métallos
Mamabali
Canal St Denis
Canal Saint Martin
Avenue Jean Jaurès
Rue La Fayette
Boulevard de Belleville
Av. de la République

Kultur
Shopping
Restaurant
Wellness
Ausgehen
Übernachten
0
300 m
Le Pré
St Gervais
Goldymama
La Bellevilloise
aroquinerie
Hoche
Eglise de Pantin
Danube
Pré St Gervais
Place des Fêtes
Télégraphe
Porte des Lilas
Mairie des Lilas
St Fargeau
Pelleport
Gambetta
Porte de Bagnolet
Gallieni
Parc Stalingrad
Parc de la Butte du Chap. Rouge
Jardin Serge Gainsbourg
Centre des Archives
Cimetière des Lilas
Cim. de Belleville
Square E. Fleury
Cimetière du Père-Lachaise
Cimet. Communal
Quai de l'Ourcq
Quai de l'Aisne
Rue L. Nadot
Boulevard Sérurier
Avenue Jean Lolive
Rue Hoche
Cité de la Musique
Pl. de la Fontaine aux Lions
Pl. de la Porte de Pantin
Boulevard d'Indochine
Boulevard d'Algérie
Rue Alexander Fleming
Av. du Belvédère
Avenue Jean Jaurès
Grande Avenue
Rue Danton
Av. Faidherbe
Boulevard Eugène Decros
R. de Paris
Rue de Romainville
Av. de la Pte. des Lilas
Av. du Dr. Gley
Av. Pasteur
Rue de Belleville
Boulevard Mortier
Rue Léon Frapié
Rue de Noisy le Sec
Rue St Fargeau
Rue de Bagnolet
Avenue Ibsen
Av. Cartellier
Avenue Gambetta
Rue Pelleport
Rue de Ménilmontant
Rue des Pyrénées
Rue Belgrand
Rue de la Py
Rue de la Cour des Noues
Pl. Gambetta
Pl. M. Nadaud
Pl. Émile Landrin
Gare Routière Internat.
Pl. du Maquis du Vercors
Pl. St Fargeau
Rue de Mouzaïa
Rue de Bellevue
Rue Compans
Rue du Pré St Gervais
Rue Haxo
Rue du Borrego
Rue des Tourelles
Rue du Télégraphe
Rue Pixérécourt
Rue de l'Ermitage
Rue des Cascades
Rue Sorbier
Rue Orfila
Rue Villiers de l'Isle Adam
Rue Surmelin
R. de la Justice
Rue Louis Blanc
Rue Gabriel Péri
Rue de Paris
Rue des Pommiers
Rue du Bel Air
Rue Marcelle

Les Petits Soins
Oberkampf
Boutique Les Oiseaux
L'Hôtel des Métallos
Rue St Maur
Av. de la République
Cirque d'hiver Bouglione
Mamabali
Filles du Calvaire
Comptoir Gana
Bataclan
Depot Vente Bobby
Hôtel Fabric
Pierre Sang
St Ambroise
Gardette Park Hotel
St Sébastien Froissart
Richard Lenoir
La maison popincourt
Musée Picasso
Square de la Roquette
Hotel Campanile
Chemin Vert
Voltaire
Pl. Léon Blum
MARAIS
Bréguet Sabin
Mademoiselle Jeanne
Tiny Cafe
Sq. Louis XIII
Pl. des Vosges
Friperie Adöm
Cailles de Luxe
Pl. du Marché Ste Catherine
St Paul
Bagel-stein
Café de la Danse
Charonne
Bastille
SoWeAre
Place de la Bastille
Sèphora
Les Fleurs
Opéra de la Bastille
Ledru Rollin
Auberge Internationale des jeunesse
Port de l'Arsenal
Naf Naf
Gap
Faidherbe Chaligny
Sully Morland
Le Barrio Latino
Halle aux chaussures
Pl. Dr. Antoine Béclère
Rue du Faubourg Saint Antoine
Marché d'Aligre
Pl. d'Aligre
Viaduc des Arts
Avenue Daumesnil
Reuilly Diderot
Jardin Tino Rossi
Quai de la Rapée
Seine
Pl. du 19 mars 1962
Boulevard Diderot
Pl. Mazas
Gare de Lyon
Pl. Henri Fresnay
Pl. du Cel. Bourgoin
Jardin des Plantes
Pl. Valhubert
Pont d'Austerlitz
Pont Ch. de Gaulle
Quai Saint Bernard
Gare d'Austerlitz
Quai de la Rapée
Quai d'Austerlitz
Sq. Marie Curie
Pl. du Bataillon du Pacifique
Bercy
Palais Omnisports de Paris-Bercy
Gare de Paris-Bercy
Pl. Leonard Bernstein
St Marcel
Pont de Bercy
Quai de la Gare
Parc de Bercy
Pl. Louis Armstrong
Pl. J. Vilar
Chevaleret
Passerelle de Beauvoir
Bibliothèque Nationale de France
Bd. Vincent Auriol
Place Pinel
Nationale
Pont de Tolbiac
Cour St Emilion
Bercy Village

Kultur
Shopping
Restaurant
Wellness
Ausgehen
Übernachten
0
300 m
Père Lachaise
Cimetière du Père-Lachaise
Mama Shelter
Mama Shelter
La Flèche D'Or
Hôtel Français
Hotel le Twelve
Hôtel Du Printemps
Coulée verte
Goûter l'Instant
Le Boudoir Parisien
Château of Vincennes, Parc Floral de Paris
Gambetta
Porte de Bagnolet
Alexandre Dumas
Pte. de Montreuil
Maraîchers
Buzenval
Avron
Nation
Porte de Vincennes
Picpus
Bel Air
Daumesnil
Michel Bizot
Porte Dorée
Pte. de Charenton
Jardin Debrousse
Jardin Damia
Sq. Sarah Bernhardt
Pl. de la Nation
Pl. de la Porte de Montreuil
Cours de Vincennes
Av. Gallieni
Avenue Courteline
Place Félix Éboué
Sq. Ch. Péguy
Cim. Sud de St Mandé
Cité Nat. de l'Histoire de l'Immigration
Aquarium tropical
Parc Zoologique
Lac Daumesnil
Île de Bercy
Musée des Arts Forains
Place de Reuilly
Rue de Paris
Boulevard Davout
Boulevard Soult
Avenue Daumesnil
Rue de Charenton
Boulevard de Picpus
Rue de Bagnolet
Rue d'Avron
Rue de Lagny
Avenue de Saint Mandé
Boulevard Voltaire
Boulevard de Charonne
Rte. de Ceinture du Lac Daumesnil

Kultur

Drei Dinge beschreiben den Pariser Osten besonders gut: historische Stätten der französischen Geschichte, berühmte Persönlichkeiten und viel Grün. Der Place de la Bastille (S. 151) war 1789 Schauplatz des Sturms auf die Bastille. Auf dem meistbesuchten Friedhof von Paris, dem Cimetière Père Lachaise (S. 149), reihen sich Gräber weltbekannter Philosophen, Schriftsteller, Schauspieler und Sänger aneinander. Die Grabstätten von Jim Morrison und Oscar Wilde sind wahre Pilgerstätten. In den Vierteln Belleville und Ménilmontant ist die bekannte französische Sängerin Edith Piaf aufgewachsen. Sie wurde unter ihrem bürgerlichen Namen Édith Giovanna Gassion auf dem Friedhof beigesetzt. Der Osten der Stadt hat außerdem einige schöne Grünflächen zu bieten, die einen Besuch wert sind.

* Bassin de la Villette

Das Bassin de la Villette ist ein künstlich angelegtes **Wasserbecken**, das den Canal Saint-Martin mit dem Canal de l'Ourcq verbindet. Im Sommer sind die Ufer des Bassins sehr gut besucht. Tagsüber eignen sich die Promenaden zum Spaziergehen, abends zum Picknicken und Boule spielen. Kleine Touristenboote durchqueren das Bassin auf ihrer Tour durch die Pariser Kanäle. Kinos, Restaurants und Cafés haben sich an den schönen Uferpromenaden niedergelassen.

Bassin de la Villette, 75019 Paris • Metro: Jaurès, Stalingrad • www.paris.fr

* Bercy Village

Im 19. Jahrhundert war das Bercy Village einer der größten **Wein- und Spirituosenmärkte** der Welt. Bis in die 1960er-Jahre wurde hier mit Wein gehandelt. Danach erfolgten große Umbauarbeiten, bei denen 42 Weindepots restauriert wurden. Heute beherbergen sie Restaurants, Geschäfte und Cafés. Auch ein großes Kino mit 18 Sälen hat im Bercy Village eröffnet. Neben den Depots zeugen auch die alten Zuggleise von vergangenen Zeiten.

28, Rue François Truffaut, 75012 Paris • Metro: Cour Saint-Émilion • +33 1 40 02 90 80 • www.bercyvillage.com • Geschäfte Mo–So 11–21, Bars und Restaurants bis 2 Uhr

✳ Château de Vincennes

Das Schloss liegt am Eingang des Bois de Vincennes, einem der größten Parks von Paris. Geografisch gesehen liegt die Anlage außerhalb der schneckenförmig aufgebauten Arrondissements. Das ehemalige Jagdschloss der französischen Könige wurde im 14. Jahrhundert von Charles V. erbaut. Es ist eine der besterhaltenen **mittelalterlichen Festungen** Europas und zeichnet sich vor allem durch hohe Festungsmauern, die Brunnenanlage und die Saint-Chapelle genannte Schlosskapelle aus.

Avenue de Paris, 94300 Vincennes • Metro: Château de Vincennes • +33 1 41 74 19 12 • www.chateau-vincennes.fr • 21. Mai–22. Sept. 10–18, 23. Sept.–20. Mai 10–17 Uhr • Eintritt: 8,50 €

✳ Cimetière Père Lachaise

Père Lachaise ist der größte und bekannteste Friedhof von Paris. Er wurde als erster **Parkfriedhof** weltweit angelegt. Seine großen Baumalleen, zahlreichen Denkmäler und beeindruckenden Grabsteine ziehen jährlich mehrere Millionen Besucher an. Die erste Bestattung fand 1804 statt. Heute zählt der Friedhof knapp 70000 Gräber, von denen einige für die Ewigkeit gekauft wurden. Der Preis für ein Grab »à perpétuité« liegt bei 13 430 Euro.

16, Rue du Repos, 75020 Paris • Metro: Père Lachaise, Philippe Auguste • +33 1 55 25 82 10 • www.pere-lachaise.com • 6. Nov.– 15. März Mo–Fr 8–17.30, Sa 8.30–17.30, So 9–17.30, 16. März–5. Nov. Mo-Fr 8–18, Sa 8.30–18.00, So 9–18 Uhr

✳ Cirque d'hiver

Der Winterzirkus von Paris wurde 1852 eröffnet. Er ist einer von ursprünglich 18 Zirkussen in Paris. Während der Wintermonate finden mehrmals pro Woche **Zirkusveranstaltungen** statt. Das historische, ovale Gebäude wird auch für Dressurvorstellungen, Gala-

Der Sybillentempel im Parc des Buttes Chaumont bietet hoch oben auf dem Felsen einen schönen Blick in die weite Ferne. →

abende und politische Veranstaltungen genutzt. Seit 1934 ist der Zirkus im Besitz der Zirkusfamilie Bouglione.

110, Rue Amelot, 75011 Paris • Metro: Oberkampf • +33 1 47 00 28 81 • www.cirquedhiver.org

✳ Marché d'Aligre

Der Marché d'Aligre ist der **traditionellste Markt** von Paris. Hier gibt es neben knackigem Obst und gesundem Gemüse, auch Schnittblumen, Trödel- und Haushaltswaren sowie andere Nahrungsmittel zu kaufen. Der Markt findet unter freiem Himmel statt. In der Markthalle selbst befinden sich Fleischer, Käsetheken und Fischläden. Die Marktatmosphäre ist vor allem bei sonnigem Wetter sehr angenehm. Auf dem Markt gibt es auch Biostände.

Place d'Aligre, 75012 Paris • Metro: Ledru-Rollin • +33 1 45 11 71 11 • www.marchedaligre.free.fr • Mo–Fr 9–13, 16–19.30, Sa 9–13, 15–19.30, So 9–13.30 Uhr

✳ Musée des Arts forains

Das Museum liegt in einem ehemaligen Weindepot, das von einem Schüler von Gustave Eiffel erbaut wurde. In vier Sälen kann man alte **Jahrmarktsspiele**, interessante Attraktionen und Karussells bewundern und testen. Besonders beeindruckend ist ein Karussell aus dem 19. Jahrhundert, das aus riesigen Fahrrädern besteht und nur durch die Beinkraft der Fahrgäste angetrieben wird. Auch die Pferdewetten machen irrsinnig viel Spaß!

53, Avenue des Terroirs de France, 75012 Paris • Metro: Cour Saint-Émilion • +33 1 43 40 16 22 • www.arts-forains.com • Mo–So nur nach Vereinbarung in Gruppen • Eintritt: 12 €

✳ Musée Edith Piaf

Edith Piaf wurde der »Spatz von Paris« genannt. Ihrem Leben und Werk ist der Film »La vie en rose« gewidmet. Sie wurde im Jahr 1915 der Legende zufolge in der 72, Rue de Belleville geboren. Nicht weit entfernt, liegt ein kleines **privates Museum**, das persönliche Gegenstände, Kleidungsstücke, Fotos und audiovisuelle Aufnahmen der weltberühmten Sängerin zeigt. Das Museum öffnet in den angegebenen Zeiten nur nach Vereinbarung.

5, Rue Crespin du Gast, 75011 Paris • Metro: Ménilmontant • +33 1 43 55 52 72 • www.paris.fr • Mo–Mi 13–18, Do 10–12 Uhr • Eintritt: frei

Don't miss

Die Rue Denoyez ist ein kleines Gässchen voller Kunst, das fast täglich sein Aussehen ändert. Denn Sprayen ist hier legal – oft kann man den Künstlern sogar bei der Arbeit zuschauen!

Parc des Buttes Chaumont

Der Park wurde im Jahr 1867 zur Pariser Weltausstellung auf dem Gebiet eines ehemaligen Steinbruchs eröffnet. Dieser lieferte bis 1860 Steine zum Häuserbau von Paris. Mit seinen 25 Hektar zählt er zu den größten Grünflächen der Stadt. Im Park befindet sich ein See mit einer Insel, auf der ein **Sybillentempel** steht. Eine versteckte Grotte mit Wasserfall und Stalaktiten und eine von Eiffel erbaute Hängebrücke zählen zu den weiteren Highlights des Parks.

1, Rue Botzaris, 75019 Paris • Metro: Buttes Chaumont • +33 1 44 52 29 19 • www.paris.fr • Mo–So 7–20 Uhr

↑ *In Paris gibt es viele wunderschöne Plätze. In der Mitte des Place de la Bastille kann man die riesige Julisäule mit goldener Figur bewundern.*

Parc Floral de Paris

An schönen Sommertagen ist der Parc Floral ein sehr beliebtes Ausflugsziel. Im Frühling beeindruckt er durch seine **großartige Tulpenpracht**. Im Herbst stehen dann Dahlien im Mittelpunkt. Sie werden im Rahmen eines internationalen Wettbewerbs ausgestellt. Im Juli und August setzen die Seerosenteiche des Gartens tolle Farbakzente. Im Park befinden sich Restaurants und Cafés, eine Botanikschule, ein Efeu- und Bonsaigarten sowie ein kleines Schmetterlingshaus.

Route de la Pyramide, 75012 Paris • Metro: Château de Vincennes • +33 8 92 68 30 00 • www.parcfloraldeparis.com • Mo–So 9.30–20 Uhr

Place de la Bastille

Der Place de la Bastille ist aus dem Geschichtsunterricht in der Schule bekannt. Hier wurde 1789 die Bastille, das damalige Gefängnis, gestürmt und die Französische Revolution ausgelöst. Am ehemaligen Standort der Bastille liegt heute der Place de la Bastille. Hier steht die **Julisäule**, die auf die glorreiche Revolution hinweist, und die moderne Opéra Bastille. Sie wurde 1989 auf Initiative von François Mitterrand errichtet und zeigt Ballettaufführungen, Opern und modernes Theater.

Place de la Bastille, 75012 Paris • Metro: Bastille • +33 1 40 01 19 70 • www.operadeparis.com

↑ *Clowns, Pferdewetten und alte Karussells, die man so heute nirgends mehr findet, machen den Besuch im Musée des Arts Forains so spannend.*

✳ Port de l'Arsenal

Der Port de l'Arsenal wurde ursprünglich als Warenhafen genutzt. Seit dem Jahr 1983 beherbergt er einen kleinen Jachthafen mit **schöner Hafenpromenade**. Am Ende des Hafenbeckens führt eine kleine Schleusenbrücke auf die andere Seite des Hafens. Die sich anschließenden Ufer der Seine bringen Spaziergänger auf direktem Weg zu Notre-Dame. Tolle Aussicht und schöne Fotografien garantiert!

11, Boulevard de la Bastille, 75012 Paris • Metro: Bastille • +331 43 41 39 32 • www.fayollemarine.fr • Mo–So 8–23 Uhr

✳ Promenade plantée (Coulée verte)

Der **urbane Wanderweg** wurde im Jahr 1969 auf einer stillgelegten Eisenbahntrasse angelegt. Die Promenade plantée macht Spaziergänge zu einem aufregenden Erlebnis. Sie überquert einen Viadukt (Viaduc des arts, siehe unten) und mittels einer Holzbrücke den Jardin de Reuilly. Anschließend teilt sie ein Haus entzwei – unglaublich, aber wahr! Die Promenade plantée ist idyllisch bepflanzt und bietet zahlreiche Sitzmöglichkeiten, teilweise in 10 Meter Höhe. Im Sommer duftet es nach Lavendel und wunderbar nach Rosen.

Promenade plantée, 75012 Paris • www.promenade-plantee.org

✳ Le viaduc des arts

Als Viaduc des arts bezeichnet man eine Reihe von **Ateliers und Ausstellungshallen**, die vorwiegend von Künstlern, Restaurateuren, Dekorateuren sowie von Möbeldesignern genutzt werden. Sie liegen unterhalb der ehemaligen Eisenbahntrasse, die einst den Viadukt überquerte. Heute befindet sich über den Ateliers die Promenade plantée.

10, Cour du Marché Saint-Antoine, 75012 Paris • Metro: Ledru-Rollin • +33 1 44 75 80 66 • www.leviaducdesarts.com • Mo–Fr 9–17 Uhr

! Eine Entdeckungstour durch den Osten von Paris

Der Spaziergang durch den Osten von Paris widmet sich der wenig bekannten, aber sehr sehenswerten Promenade plantée (S. 152). Sie wird oft auch als *Coulée verte*, als grüner Korridor bezeichnet. Hierbei handelt es sich um eine im Jahr 1969 stillgelegte Eisenbahntrasse, die zu einer Art urbanem Wanderweg umfunktioniert wurde.

In der Rue du Sahel, an der Metrostation Bel-Air, befindet sich ein Zugang zur Promenade plantée. In Richtung Bastille führt sie als Erstes durch einen Tunnel hindurch, in dem kleine Wasserkaskaden zu sehen sind. Eine schöne Strecke für Jogger, denn die Promenade plantée gleicht an dieser Stelle einem zugewachsenen Waldweg.

Nach der Unterführung verläuft der Wanderweg durch die Allée Vivaldi, eine breite Baumallee mit Grünstreifen, die links und rechts von Wohnhäusern gesäumt wird. Ganz am Ende erhebt sich eine gebogene Holzbrücke, die über den Jardin de Reuilly führt. Bei schönem Wetter halten sich in diesem Park viele Pariser Bewohner aus den umliegenden Vierteln auf. Am Ende der Brücke liegt linker Hand ein hübscher kleiner Garten. Dem Spaziergänger bietet sich an dieser Stelle ein spektakuläres Bild, denn die *Coulée verte* teilt hier ein Wohnhaus in zwei Hälften.

Danach folgt die bunt und vielfältig bepflanzte Promenade plantée in knapp zehn Metern Höhe dem Verlauf der Avenue Daumesnil. Es duftet nach Lavendel und bunte Rosenbögen säumen den Weg. Zu beiden Seiten gibt es sehr viel zu sehen, denn die Promenade plantée führt direkt an Wohnhäusern und einer Kirche vorbei. Auf der linken Seite fällt ein Gebäude mit sieben Statuen an der Dachfassade besonders ins Auge. Die Promenade plantée führt anschließend über das Viaduc des Art (S. 152) und endet schließlich an der Bastille (S. 151). Sie bietet auf ihrer gesamten Länge von rund fünf Kilometern zahlreiche Rastplätze, interessante Eindrücke und schöne Ausblicke.

Shopping

Der Westen der Stadt ist nicht nur zum Sightseeing, sondern auch für ausgiebige Shoppingtouren bestens geeignet. Im Vergleich zum Pariser Stadtzentrum gibt es nur wenige große, überlaufende Boulevards, an denen sich ein Geschäft an das nächste reiht. Der Pariser Westen kommt weniger kommerziell daher. Concept Stores, Secondhand- und Vintage-Läden, aber auch kleine Geschäfte bekannter Marken haben sich in diesem Teil der Stadt niedergelassen. Das 11. Arrondissement ist sehr belebt und zeichnet sich durch viele kleine, sehr angesagte Stores aus. Die Geschäfte im 19. und 20. Arrondissement liegen verteilt und manchmal etwas versteckt. Shoppingtouren machen hier besonders viel Spaß, da sie angenehm und stressfrei sind.

André

André ist eine bekannte **französische Schuhkette**, deren rötliche Läden in allen Vierteln der Stadt zu finden sind. Die Marke André vertreibt moderne Schuhe, die in Form und Farbe den aktuellen Trends der Saison entsprechen. Vergleicht man André mit anderen Schuhläden in Paris, fallen besonders die erschwinglichen Preise der Schuhe ins Auge.

119–127, Avenue de Flandre, 75019 Paris • Metro: Crimée • +33 1 40 38 69 72 • www.andre.fr • Mo–Sa 10–19 Uhr

Boutique les Fleurs

Die ausgefallene Boutique liegt im Viertel Bastille. Durch ihre große Fensterfront fällt das Tageslicht in den Laden hinein. Hier kann man stundenlang nach Geschenken und **Mitbringseln** suchen. Das Geschäft ist riesig. Man weiß gar nicht, wo man zuerst hinschauen soll. Überall hängen Ohrringe, Ketten und Amulette. Taschen und eine große Anzahl an angesagten Must-haves so weit das Auge reicht!

6, Passage Josset, 75011 Paris • Metro: Ledru-Rollin • +33 1 43 55 12 94 • www.boutiquelesfleurs.typepad.com • Mo–Sa 12–19.30 Uhr

Boutique Les Oiseaux

In dem feminin und sehr elegant eingerichteten Laden mit viel Wohlfühlambiente setzen drei Designerinnen ihre Prêt-à-porter-Mode sowie **Acces-**

soires- und Schmuckkollektionen gekonnt in Szene. Gewagte Schuhe, bunte Taschen, fließende Tücher und hübsche Portemonnaies gepaart mit verspieltem und elegantem Schmuck, tollen Kleidern, Strickjacken und Shirts machen das Erfolgsgeheimnis des Ladens aus.

24, Rue Oberkampf, 75011 Paris • Metro: Oberkampf • +33 1 43 55 03 97 • www.boutiquelesoiseaux.com • Mo 13–19, Di–Sa 11.30–19 Uhr

✳ Cailles de Luxe

Die kleine, toll eingerichtete Boutique ist eine schöne Adresse für alle, die **Schmuck** lieben und stets auf der Suche nach dem besonderen Stück sind. In diesem coolen Laden gibt es modischen, bunten und eleganten Schmuck, kleinere Schmucklinien und Einzelstücke zu erschwinglichen Preisen. Die Wände sind mit den Kunstwerken aus regelmäßig wechselnden Ausstellungen geschmückt. Sehr sehenswert!

15, Rue Keller, 75011 • Metro: Ledru-Rollin, Voltaire • +33 9 53 02 65 22 • www.caillesdeluxe.com • Di–Sa 11–20 Uhr

Fast wie neu: Das »Dépôt Bobby« ist lediglich einer von vielen Secondhandläden in Frankreichs Hauptstadt. Zu stöbern lohnt sich immer! →

✳ Dēpôt Vente Bobby

Eine richtige Schatzkiste! Der **Secondhandladen** setzt auf moderne Kleidung und Accessoires aus zweiter Hand. Er geht über zwei Etagen. Oben gibt es eine große Auswahl an Gürteln, angesagten Vintage-Taschen und zahlreichen Kleidungsstücken wie Lederjacken und Roben. Im Untergeschoss warten, nach Größe sortiert, zahlreiche Schuhe auf neue Besitzerinnen!

9, Rue Oberkampf, 75011 Paris • Metro: Filles du Calvaire, Oberkampf • +33 1 72 38 54 83 • www.bobbydepotvente.com • Di–Sa 11–20 Uhr

✳ Friperie Adöm

Adöm ist ein hipper, kleiner **Secondhandladen**, in dem man sich mit angesagter Kleidung für wenig Geld

ausstatten kann. Suchen und Wühlen lautet die Devise! Die Teile liegen alle in einer Preisspanne zwischen 20 und 30 Euro. Zum Angebot des Ladens gehören Pumps, eine klasse Auswahl an Lederstiefeln, Converse, Trenchcoats, Jeans, Oberteile und Kleider aus den 1950er- bis 1970er-Jahren.

56, Rue de la Roquette, 75011 Paris • Metro: Bastille, Brẽguet-Sabin • +33 1 48 07 15 94 • Mo–Sa 11–20, So 15–20 Uhr

✳ GAP

Bei GAP gibt es alles, was die modebewusste Frau im Frühling, Sommer, Herbst und Winter braucht, um immer chic und trendy gekleidet zu sein. In der warmen Jahreszeit findet man in dem **Modeladen** bunte Ballerinas, flatternde Röcke und leichte Tops, im Winter kann man sich mit dicken Jacken, großen Schals und kunterbunten Handschuhen für eisige Temperaturen ausstatten!

64, Rue du Faubourg Saint Antoine • Metro: Bastille, Ledru-Rollin • +33 1 44 73 84 01 • www.gap.eu • Mo–Sa 10–20 Uhr

✳ Goldy Mama

In der kleinen hippen **Vintage-Boutique** findet man mit etwas Glück ein hübsches Teil aus vergangenen Zeiten zu nicht allzu teuren Preisen. Goldy Mama bietet eine tolle Auswahl an Klamotten aus allen Jahrzehnten des 20. Jahrhunderts, unter anderem Sixties-Kleider, Seventies-Tops und Teile aus den gewagten 1980er-Jahren bis hin zur heutigen Zeit. Hippe Accessoires wie Hüte, Taschen und Tücher inklusive.

14, Rue du Surmelin, 75020 Paris • Metro: Pelleport • +33 1 40 30 08 00 • www.goldymama.com • Di–Sa 11 bis 19.30 Uhr

✳ La Halle aux Chaussures

Diese große französische Schuhkette dreht lustige Werbefilme mit den verschiedenen Gewinnerinnen des Miss-France-Wettbewerbs. Das Motto des **Schuhladens** lautet »modische Schuhe zu günstigen Preisen«. Die Läden der Kette sind nicht besonders modern eingerichtet, denn der Fokus liegt auf günstigen Schuhen und nicht auf der Innendekoration. Gute Adresse für alle Schnäppchenjäger!

33, Avenue de Laumière, 75019 Paris • Metro: Laumière • +33 1 40 03 90 97 • www.lahalleauxchaussures.com • Mo–Sa 10–19.30 Uhr

✳ Made by Moi

Der kleine, verspielt eingerichtete Laden im Viertel Oberkampf wirkt von der Einrichtung und den angebotenen

Shoppingspaß in Paris: In den Geschäften gibt es etwas für jeden Geldbeutel und jeden Geschmack. Mademoiselle Jeanne ist ein absoluter Geheimtipp.

Artikeln her wie ein **Girlie Store**. Zu kaufen gibt es hippe Kleidung und trendigen Modeschmuck. Das Angebot ist breit gefächert. Neben Accessoires wie Lederhandschuhen, bunten Tüchern, Mützen und Taschen gibt es auch süße Deko- und Schreibartikel wie Kalender und romantische Lampionlichterketten.

86, Rue Oberkampf, 75011 Paris • Metro: Parmentier • +33 1 58 30 95 78 • www.madebymoi.fr • Mo 14.30–20, Di–Sa 10–20 Uhr

✳ Mademoiselle Jeanne

Die hübsch dekorierte Boutique bietet Fashionistas eine große Auswahl an **angesagter Mode**. Sie hält viele tolle Teile bereit, unter anderem supermoderne Hosen in den Farben der Saison, coole Lederjacken und Mäntel, lässige Oberteile und viele passende Accessoires wie Taschen, moderne Boots und Pumps, Tücher, Handschuhe und Schals. Eine ganz besondere Adresse, unbedingt vorbeischauen!

55, Rue de la Roquette, 75011 Paris • Metro: Bastille, Voltaire • +33 1 43 38 00 70 • www.mademoiselle-jeanne.com • Mo–Sa 11–19.30, So 16–19 Uhr

✳ Naf Naf

Naf Naf ist ein **Modegeschäft** ausschließlich für Frauen. Hier findet man elegante Kleidungsstücke, verspielte Mode und angesagte Alltagsoutfits. Die Preise sind relativ günstig. Neben Kleidung vertreibt Naf Naf auch Parfüm und modische Accessoires wie Ketten, Gürtel und Schals. Zu Silvester wird man hier auf der Suche nach einem glitzernden Partyoutfit garantiert fündig!

34, Rue du Faubourg Saint Antoine, 75012 Paris • Metro: Bastille • +33 1 53 33 80 12 • www.nafnaf.com • Mo–Sa 10–20 Uhr

Don't miss

In den Sommermonaten gibt es jedes Wochenende in vielen Vierteln der Stadt große Straßenflohmärkte. Tolle Fundstücke garantiert! Eine Übersicht zu den *vide-greniers* gibt es auf www.vide-greniers.org.

✳ La Petite Maison dans la Villette

Man fühlt sich wie in einem kleinen Puppenhaus. Die Deko des Ladens ist bis ins kleinste Detail ausgearbeitet. Sie wirkt spielerisch und romantisch zugleich. Man kommt aus dem Staunen gar nicht mehr heraus und fühlt sich richtig wohl. Zu kaufen gibt es **modische Accessoires** wie Schals, Taschen und trendige Strumpfhosen, aber auch Deko- und Wohnartikel wie Geschirr, Kissen, Decken und Stoffe. Schöne Mischung!

33, Rue de la Villette, 75019 Paris • Metro: Botzaris, Jourdain, Pyrénées • +33 6 31 68 89 80 • www.lapetitemaisondanslavillette.blogspot.fr • Di–Sa 11–19.30 Uhr

✳ Sephora

Im **Kosmetikladen** Sephora gibt es eine große Auswahl an Parfüms, unzählige Körperpflegeprodukte und verschiedenste Kosmetik für Haut, Augen und Lippen. Der Store bietet außerdem Maniküre und Augenbrauenzupfen an. Die zahlreichen Make-up-Artists helfen bei der Auswahl passender Produkte und sind mit ihren flinken Pinseln beim Auftragen und Testen behilflich.

28 bis, Rue du Faubourg Saint Antoine, 75012 Paris • Metro: Bastille • +33 1 53 30 84 90 • www.sephora.fr • Mo–Sa 11–20 Uhr

Concept Stores sind eine tolle Alternative zu großen internationalen Marken: »Made by moi« ist individuell und bietet Artikel, die man nicht überall bekommt. →

✳ SoWeAre

Der sehr gefragte kleine Concept Store zählt zu den Läden, die man fast immer mit einer Tüte in der Hand verlässt. Er bietet eine schöne Auswahl an **trendiger Kleidung** mit französischer, englischer oder nordischer Note. Coole Accessoires wie Modeschmuck, Haarbänder, Schuhe und Bags runden das Angebot ab. Besonders toll sind die Stiefeletten, Armreifen und der ausgefallene Haarschmuck.

40, Rue de Charonne, 75011 Paris • Metro: Ledru-Rollin • +33 9 82 37 63 91 • www.soweare-shop.fr • Mo 13.30 bis 19.30, Di–Sa 11.30–19.30 Uhr

Restaurants & Cafés

In den Vierteln Ménilmontant, Belleville und Oberkampf verbergen sich ein paar echte Schmuckstücke, was Restaurants und Cafés anbelangt. Einige zeichnen sich durch ihre hochwertige, außergewöhnliche Küche aus, die zum Beispiel asiatische Noten mit französischer Cuisine verbindet. Andere bestechen durch ihr einzigartiges Interieur. Wer auf der Suche nach einer tollen Außenterrasse ist, um bei schönem Wetter ein paar Sonnenstrahlen zu genießen, wird in diesem Teil der Stadt genauso fündig wie alle, die in einer Location mit grandiosem Ausblick essen möchte. Sehr zu empfehlen sind zudem eine Bäckerei und ein Restaurant, die mit einem umfangreichen Angebot beziehungsweise einem außergewöhnlichen Konzept neue Akzente setzen.

✳ L'autre Café

Das Restaurant liegt auf zwei Etagen, die durch eine herrschaftliche Treppe verbunden sind. Es erinnert stark an ein ehemaliges Herrenhaus im Kolonialstil. Die Tische, Stühle und Wandverzierungen aus Holz sowie die großen Türen und Fenster tragen zu diesem Eindruck bei. Im L'autre Café bekommt man recht günstiges und gutes Essen sowie **preiswerte Menüs** in einem ganz hervorragenden Ambiente!

62, Rue Jean-Pierre Timbaud, 75011 Paris • Metro: Parmentier • +331 40 21 03 07 • www.lautrecafe.com • Mo–So 8–2 Uhr • Hauptgericht: ab 12 €

✳ Aux Folies

Einst befand sich an der gleichen Stelle ein Cabaret. Heute empfängt das Aux Folies im 1950er-Jahre-Retro-Chic das junge Publikum des Viertels zu einem Café am Morgen oder zum **Apéro** nach der Arbeit. Das Café bietet eine sonnige Terrasse und ein fetziges Interieur mit Spiegeln, Mosaikboden und plakatierten Wänden. Ein richtig cooler Ort!

8, Rue de Belleville, 75020 Paris • Metro: Belleville • +33 6 14 17 91 33 • www.aux-folies-belleville.fr • Mo–Sa 6–24, So 7–23 Uhr • Hauptgericht: ab 8 €

✳ Bagelstein

Wer etwas für den kleinen Hunger zwischendurch sucht, kann sich einen **leckeren Bagel** in der Fast-Food-Kette holen, die bereits seit 1789 existiert. Bagelstein bietet sechs deftige Bagel und mehrere süße Varianten wie etwa mit Nutella oder Erdnussbutter an. Menüs kosten zwischen 8 und 11 Euro. Unbedingt den Käsekuchen testen!

15, Rue de la Roquette, 75011 Paris • Metro: Bastille • +33 1 43 55 01 24 • www.bagelstein.com • Mo–So 8–22.30 Uhr • Bagel: ab 5,10 €

↑ *Ein Bistro mit außergewöhnlicher und sehr beliebter Sitzmöglichkeit: Im »Eventail« dient ein Piano als Tisch.*

✳ La Bellevilloise

Eine wahre Institution im Osten von Paris – hier finden auch kulturelle und politische Veranstaltungen, Konzerte und Ausstellungen statt (S. 161). Das Restaurant serviert **World Food** in einem hallenähnlichen Raum mit hohen Decken, Olivenbäumen und Palmen. Jeden Sonntag gibt es einen ausgiebigen Brunch. Von 11.30 bis 13.30 und 14 bis 16 Uhr kann man bei jazziger Livemusik so viel essen, wie man gerne möchte. Es ist lecker und sehr unterhaltsam! Der Preis liegt bei 29 Euro pro Person.

19–21, Rue Boyer, 75020 Paris • Metro: Gambetta, Ménilmontant • +33 1 46 36 07 07 • www.labellevilloise.com • Mi–Do 19–1, Fr 19–2, Sa je nach Programm 11–2 oder 18–2, So je nach Programm 11.30–17 oder 11.30–24 Uhr • Hauptgericht: ab 14 €

✳ Boco

Boco ist eine tolle Entdeckung inmitten des ehemaligen Weinmarktes Bercy Village (S. 150)! Boco steht für **Haute Cuisine zu günstigen Preisen**. Bekannte französische Chefs haben exklusiv für dieses Restaurant Vor- und Hauptspeisen sowie Desserts kreiert. Die leckeren Bio-Speisen werden in trendigen Einmachgläsern serviert. Geniales Konzept! Zwei Gänge und ein Getränk liegen in der Regel unter 15 Euro.

45, Cour Saint-Émilion, 75012 Paris • Metro: Cour Saint-Émilion • +33 1 46 28 96 60 • www.boco.fr • Mo–So 11–22.30 Uhr • Hauptgericht: ab 6,80 €

✳ Café Charbon

Dieses Café-Restaurant muss man einfach gesehen haben! Es wurde bereits 1900 zur Zeit des Second Empire gegründet. Die Dekoration mit Mosaikboden, riesigen Spiegeln, hohen Decken und außergewöhnlichen Kronleuchtern ist einzigartig. Das **Café** verfügt über eine große Bar, an der der Espresso nur 1 Euro kostet! Serviert wird typisches Brasserie-Essen. Die Happy Hour geht von 17 bis 20 Uhr, abends legen DJs auf und donnerstags spielen Bands.

109, Rue Oberkampf, 75011 Paris · Metro: Parmentier, Rue Saint-Maur · +33 1 43 57 55 13 · Mo–So 9–4 Uhr · Hauptgericht: ab 9 €

✳ Délices Park

Das **kleine Restaurant** bietet alles, was man für ein ausgiebiges Picknick in dem nahegelegenen Park Buttes Chaumont (S. 151) benötigt. Die großen Salate kosten zwischen 6 und 8 Euro. Auf der Karte stehen außerdem leckere Bagels, Quiches, einfach köstliche Baguettes, Tagesgerichte, Suppen, verführerische Desserts und Eis. Alles kann vor Ort im Restaurant gegessen oder aber in den Park direkt gegenüber mitgenommen werden. Eine ganz tolle Idee!

98, Rue de la Villette, 75019 Paris · Metro: Botzaris · +33 1 42 06 04 86 · Mo, Mi–Fr 12–19, Di 12–15.30, Sa–So 12–20 Uhr · Hauptgericht: ab 6 €

✳ Comptoir Gana

Eine schöne **Bäckerei**, die in dieser Liste einfach nicht fehlen darf! Sie hat für Leckermäulchen feine französische Patisserie wie Croissants und *Pains au chocolat* sowie zarte Feigen-, Apfel- oder Aprikosentarte zu bieten. Für Hungrige hält sie frische, reichlich belegte Baguettes, Quiches und Pizzastücke bereit. Man kann dem Bäcker zuschauen, wie er den Teig knetet und die Baguette anschließend in den Ofen schiebt. Super interessant!

54, Rue Oberkampf, 75011 Paris · Metro: Oberkampf, Parmentier · +33 1 55 28 71 02 · www.gana.fr · Di–Sa 7.30–20 Uhr

✳ L'Estampe

L'Estampe ist ein **kleines Café-Restaurant** mit schwarzer Fassade direkt gegenüber dem Parc des Buttes Chaumont (S. 151). Wenn das bekannte Rosa Bonheur (S. 175) im Park zu voll ist, ist dieses Café für einen Cappuccino oder Café crème zu empfehlen. Die Terrasse ist ideal für eine kleine Pause in der Sonne. Der Innenraum des Cafés ist mit kleinen Lampen in Rot und Gelb und ein paar Spiegeln außergewöhnlich nett eingerichtet.

74, Rue Botzaris, 75019 Paris · Metro: Botzaris · +33 1 42 01 27 65 · Di–Mi 8–23.30, Do 8.30–23.30, So 8 bis 23.30 Uhr · Hauptgericht: ab 8 €

Paris bietet viele außergewöhnlich designte Restaurants: Das »Café Charbon« zählt definitiv zu den Pariser Restaurants mit besonderer Note.

✳ L'ēventail

L'ēventail ist ein **cooles Eckrestaurant** mit großen Fenstern im Bistro-Stil. Serviert wird traditionelle französische Küche mit frischen Zutaten. Holztische und -stühle sowie rote Ledersofas laden zum Abendessen in lässigem Ambiente ein. Der beliebteste Tisch des Restaurants ist ohne Zweifel das Piano, das zu einer Sitzgelegenheit mit Barhockern umfunktioniert wurde. Eine super Idee!

28, Boulevard Voltaire, 75011 Paris • Metro: Oberkampf • +33 1 48 06 69 97 • Mo–So 8–2 Uhr • Hauptgericht: ab 13 €

✳ Goûter l'Instant

Das kleine **belgische Restaurant** verfügt über einen großen Tisch und ein paar weitere Sitzmöglichkeiten sowie eine Miniterrasse. Jeden Tag werden frisch zubereite Tagesgerichte angeboten. Es gibt ein Frühstücksmenü für 7 Euro mit einem warmen Getränk, O-Saft, Baguette und Marmelade. Der Brunch am Sonntag kostet 21 Euro pro Person und hält viele Leckereien bereit.

24, Rue Taine, 75012 Paris • Metro: Daumesnil • +33 1 43 47 33 01 • Mo–Sa 12–14.30, Do–Sa 19.30–22.30, So 10.30 bis 15.30 Uhr • Hauptgericht: ab 10 €

✳ Le Jaurēs Cafē

Das Cafē-Restaurant liegt am Eingang des Bassin de la Villette (S. 146) direkt gegenüber einer Schleuse des Canals Saint-Martin. Es hat **traditionelle französische Gerichte** und große Salate sowie eine sehr gute Weinauswahl zu bieten. Die Lage ist perfekt. Die Terrasse des Jaurēs Cafēs ist im Sommer schön sonnig und im Winter gut beheizt.

1, Avenue Jean Jaurēs, 75019 Paris • Metro: Jaurēs • +33 1 40 18 52 34 • Mo–So 6.30–2 Uhr • Hauptgericht: ab 10 €

Geht gar nicht

Restaurants mit langen Karten und ohne Tagesgerichte sollte man eher meiden! Bei so einer großen Menge an Speisen kann nicht alles frisch sein! Ein *Menu du jour* (Tagesgericht) bevorzugen!

✳ Jeanne A

Wer Lust auf ein paar Austern und ein Glas Wein an der Bar hat oder ein goldbraun gegrilltes Hähnchen mit einem traumhaften Gratin Dauphinois, ist hier genau richtig! Jeanne A ist **Restaurant und Delikatessengeschäft** zugleich. Unter der Woche kostet ein Menü mit Hähnchen, Gratin, Salat, Dessert und

Getränk 15 Euro. Qualität und guter Geschmack inklusive!

42, Rue Jean-Pierre Timbaud, 75011 Paris • Metro: Parmentier • +331 43550949 • Mo–So 9–22.30 Uhr • Mittagsmenü 15–17 €

La Kaskad Café

Das Restaurant befindet sich am Eingang des Parks Buttes Chaumont (S. 151) und ist daher bestens für eine Verschnaufpause nach einem langen Spaziergang durch den Park geeignet. Es besitzt eine **schöne Außenterrasse**. Auf den Teller kommt World Food. Besonders ausgefallen und lecker ist der Burger, dessen Burgerbrötchen durch zwei Kartoffelpuffer ersetzt werden.

2, Place Armand Carrel, 75019 Paris • Metro: Laumière • +33140400810 • Mo–So 11–23 Uhr • Menü: ab 12,90 €

O.kay Café

Das O.kay Café befindet sich am Ende des Bassin de la Villette (S. 146) in einer sehr schönen und ruhigen Lage direkt am Wasser. Die Außenterrasse bietet einen **tollen Blick auf das Bassin** und ist für schöne Sommertage bestens geeignet. Zu essen gibt es leckere deftige und süße Crêpes. Sehr zu empfehlen ist die *Galette chevrette*, ein Crêpe aus Buchweizenmehl mit warmem Ziegenkäse und Honig. *C'est bon!*

41 bis, Quai de Loire, 75019 Paris • Metro: Crimée • +33142015604 • Mo–Sa 9–12, 14–18 Uhr • Hauptgericht: ab 8 €

Le O'Paris

Die sonnige Terrasse und schöne Aussicht machen dieses Café-Restaurant zu einem **ganz besonderen Ort**. Es liegt oberhalb des Parc de Belleville (S. 161)

Der Trend in Paris geht zu Restaurants mit breit gefächertem Angebot. »Jeanne A« ist Austernbar, Delikatessengeschäft und Restaurant in einem. →

↑ *Leckere Croissants dürfen bei einem französischen Frühstück nicht fehlen. Die Bäckerei »Gana« scheint die Kunst des Croissantbackens erfunden zu haben!*

und bietet seinen Besuchern einen grandiosen Blick über die Stadt. Es ist ideal für entspannte Momente bei sonnigem Wetter. Auf der Karte stehen französische Spezialitäten und Desserts sowie Cocktails, hausgemachte Cola und Limonaden.

1, Rue des Envierges, 75020 Paris · Metro: Pyrénées · +33 1 43 66 38 54 · www.le-o-paris.com · Mo–So 9 bis 2 Uhr · Hauptgericht: ab 11 €

✳ Pierre Sang Boyer

Pierre Sang Boyer ist ein talentierter Spitzenkoch, bekannt aus einer französischen Kochsendung. In seinem Restaurant wird das Essen an einer modernen Theke mit Hochstühlen und Blick auf die offene Küche serviert. Jeden Tag stehen zwei bis sechs Tagesgerichte auf der Menütafel. **Kulinarische Überraschungen** sind garantiert, denn Pierre ist ein wahrer Meister der asiatischen Küche, die er gekonnt mit französischer Raffinesse verbindet.

55, Rue Oberkampf, 75011 Paris · Metro: Oberkampf, Parmentier · www.pierresangboyer.com · Di–Sa 12–14.30, 19–22.30 Uhr · Mittagsmenü mit zwei, drei oder fünf Gerichten: 20–35 €

✳ Le Plein Soleil

Wie der Name der **Brasserie** schon sagt, liegt sie den lieben langen Tag direkt in der Sonne. Die Terrasse mit ihren gemütlichen roten Ledersofas ist bei schönem Wetter immer sehr gut gefüllt. Das Le Plein Soleil ist ein idealer Ort, um sich im Sommer ein erfrischendes Getränk zu gönnen oder sich im Winter mit einem heißen *Café crème* aufzuwärmen. Für eine angenehme Temperatur ist die Terrasse zur kalten Jahreszeit beheizt.

90, Avenue Parmentier, 75011 Paris · Metro: Parmentier · +33 1 83 76 02 64 · www.lepleinsoleilparis.fr · Mo–So 6.30–2 Uhr · Hauptgericht: ab 9 €

Kochen und Backen wie Gott in Frankreich

Die Französische Küche zählt seit 2010 zum immateriellen Kulturgut der UNESCO. Und das nicht umsonst! Denn sie hält zahlreiche herzhafte und süße Spezialitäten bereit, die diese Auszeichnung definitiv verdienen.

In vielen Pariser Restaurants werden typisch französische Spezialitäten wie *Soupe à l'Oignon, Bœuf bourguignon, Cassoulet, Pot-au-feu, Foie gras, Chèvre chaud* oder *Crème brulée* serviert. Ein Restaurantbesuch ist daher eine tolle Möglichkeit, die French Cuisine zu erforschen.

Was süße, typisch französische Versuchungen anbelangt, so kann man *Macaron, Éclair au chocolat* oder *Millefeuille* in Bäckereien und Patisserien nach Belieben probieren. Wer Lust hat, nicht nur im Urlaub französisch zu essen, sondern auch zu Hause à la française zu kochen oder zu backen, kann einen Koch- oder Backkurs in Paris besuchen. Backkurse, in denen man lernt, zarte Macarons selbst zu backen, sind meist bis auf den letzten Platz ausgebucht. Denn die Herstellung von Macarons ist gar nicht so leicht! Auch Backkurse, in denen Brandteig zu leckeren *Eclairs* und *Chouquettes* verwandelt wird, sind sehr gefragt. Das Tolle an Kochkursen ist, dass man mit anderen Teilnehmern zusammen in perfekt ausgestatteten Küchen und mit kompetenten Chefs arbeitet, zwischendurch naschen und am Ende eine Kostprobe mit nach Hause nehmen kann.

Neben Patisserie-Backstunden sind Kurse, in denen man Drei-Gänge-Menüs in einer Gruppe kocht, sehr angesagt. Täglich nutzen viele Pariser ihre Mittagspause, um in einem Kochkurs etwas zu lernen und gleichzeitig zu Mittag zu essen. Die Nachfrage an Kochkursen wird unter Touristen immer größer. Daher bieten zahlreiche Ateliers mittlerweile auch Kochkurse in englischer Sprache an. Empfehlenswerte Pariser Adressen sind das Atelier des Sens (www.atelier-des-sens.com) und das Atelier du Chef (www.atelierdeschefs.fr).

Wellness

Unter Wellness versteht man Aktivitäten, die entspannen und zu unserem körperlichen und seelischen Wohlbefinden beitragen. Dies kann eine angenehme Massage, ein Peeling, eine Maniküre oder auch eine sportliche Aktivität sein. Heute wird der Begriff Wellness für vieles verwendet. Es gibt sogar Wellnessgetränke und Wellnessessen. In französischen Hotels wird man kaum einen Wellnessbereich finden. Nicht weil Franzosen wohltuende Anwendungen nicht schätzen, sondern weil das Wort »Wellness« im Französischen nicht genutzt wird. Man spricht in diesem Sinn eher von einem Spa. Im Osten der Stadt gibt es tolle Adressen, die nicht nur verwöhnen und verzaubern, sondern bei Bedarf auch fit machen.

* Le Boudoir parisien

Als Boudoir bezeichnet man ein hübsch eingerichtetes, kleines Damenzimmer. Diese Bezeichnung trifft auf das **schicke Spa**, das sich an trendige Stadtbewohnerinnen richtet, voll und ganz zu. Die Stimmung ist restro bis elegant und Wohlfühlambiente pur! Auf dem Programm stehen Kosmetikanwendungen, entspannende Massagen sowie Hand- und Fußpflege. Daumen hoch für ein Spa im Haute Couture Style!

251, Avenue Daumesnil, 75012 Paris • Metro: Michel Bizot • +331 44 68 05 98 • www.leboudoirparisien.com • Di–Sa 11–20 Uhr • Balinesische Massage: 69 €

* L'Echappée

L'Echappée ist ein idealer Ort für einen entspannten Abend mit Freundinnen. Man kann im Hamam gemeinsam relaxen und ein bißchen quatschen sowie **tiefenentspannende Massagen** wie Shiatsu oder mit heißen Steinen allein oder zu zweit in Anspruch nehmen. Wer anschließend Hunger verspürt, kann im spaeigenen Restaurant lecker essen gehen. Jeden Samstag und Sonntag

Don't miss

Was zählt neben Baguette, Käse und Beret zum Bild eines typischen Franzosen? Das Boule-Spiel natürlich! Ideales Terrain, um die silbernen Kugeln selbst zu schwingen, bietet der Canal Saint-Martin.

bietet das Spa einen gesunden und umfangreichen Brunch an.

64, Rue de la Folie Méricourt, 75011 Paris • Metro: Oberkampf, Parmentier • +33 1 58 30 12 50 • www.lechappee.com • Mo, Fr 11–21, Mi–Do 11–23, Sa–So 10–19 Uhr

* La Maison Popincourt

Aquabiking ist das beste Rezept für jeden Po, der etwas mehr Spannkraft gebrauchen und jedes Bein, dessen Haut etwas straffer sein könnte. Manche bezeichnen **Aquabiking** als den größten Feind von Cellulite. Na dann, nichts wie hin! La Maison Popincourt bietet in einem schönen Ambiente unter einem Glasdach 45-minütige Aquabiking-Kurse an. Es ist anstrengend, aber effizient!

4, Cité Popincourt, 75011 Paris • Metro: Saint-Ambroise • +33 1 43 38 96 84 • www.lamaisonpopincourt.com • Mo–Fr 8–21, Sa–So 9–20 Uhr • 45 Minuten Aqua-Biking: 30 €

* Les petits soins République

Das Spa kann man als ein Allroundtalent bezeichnen. Es bietet ein breites Spektrum an **verschiedenen Wellnessbehandlungen**, die tiefe Entspannung versprechen. Wie wäre es zum Beispiel mit einer Maniküre für schöne Hände oder einer Fußpflege, damit die Füße den nächsten aufregenden Tag in Paris überstehen? Das Spa ist vor allem bekannt für seine außergewöhnlichen, sehr wirksamen Gesichtsbehandlungen nach der Methode von Françoise Morice. Unbedingt testen!

10, Boulevard du Temple, 75011 Paris • Métro: République, Oberkampf • +33 1 48 05 74 32 • www.petitssoins.fr • Di–Sa 10–20 Uhr • »Soin légendaire la Kinéplastie«: 98 €

* Mamabali

Das Mamabali bezeichnet sich selbst als **Spa für Körper und Geist**, in dem man die Zeit völlig vergisst, entspannt und Körper und Seele auf einer inneren Reise in Einklang bringt. Hierzu tragen die besonderen Wellnessanwendungen im Spa bei. Neben Hamam, verschiedenen Massagen und Gesichtsanwendungen bietet Mamabali Schminkkurse, Personal Shopping und ein komplettes Umstyling an.

8, Rue Guillaume Bertrand, 75011 Paris • Metro: Rue Saint-Maur • +33 1 43 14 71 50 • www.mamabali-spa.com • Di–Sa 11–20 Uhr • Hamam und Peeling: 69 €

Ausgehen

Die im Pariser Osten gelegenen Viertel Belleville, Ménilmontant und Oberkampf sind aufgrund ihrer bunt gemischten Bevölkerung sehr facettenreich und lebendig. Ein wahres Kontrastprogramm zum schicken Pariser Westen und der Bourgeoisie der Rive Gauche! Im Osten der Stadt scheint vieles lässiger und unkomplizierter. Bestes Beispiel hierfür sind die Bars des Viertels. Sie sind weniger für ihr bis ins letzte Detail designtes Interieur und ihre top gestylten Party-People bekannt, sondern vielmehr für ihre lockere Stimmung, ihr angenehmes Publikum und ihre weit unter dem Pariser Durchschnitt liegenden Preise für Drinks. Am Eingang von Diskotheken und Clubs wird weniger stark selektiert und auf das passende Party-Outfit geachtet.

Le 9B

Le 9B ist Restaurant, Bar und Club in einem. Eine **coole Location** mit schönem Innendesign und großer Terrasse, auf der sich im Sommer das gesamte Leben der Bar abspielt. Dann stehen die Gäste des Clubs mit ihren Gläsern draußen und genießen die lauen Pariser Sommerabende. Im Untergeschoss befindet sich ein Dance Floor, DJs legen regelmäßig auf und ab und an spielen Bands.

68, Boulevard de la Villette, 75019 Paris • Metro: Colonel Fabien • +33 1 40 18 08 10 • www.le9b.com • Mo–Fr 8–2, Sa 18–24 Uhr

Le 25 Degrés Est

Aufgrund seiner Top-Lage direkt am Wasser ist Le 25 Degrés Est sehr zu empfehlen. Die besten Plätze der Bar befinden sich ganz vorn auf der Terrasse. Von dort genießt man bei sonnigem Wetter einen tollen Blick auf das Bassin de la Villette (S. 146). Da der Andrang oft recht groß ist, empfiehlt es sich, zwischen 15 und 19 Uhr einen Drink zu nehmen und dabei **günstige Cocktails** zur Happy Hour zu schlürfen.

10, Place de la Bataille de Stalingrad, 75019 Paris • Metro: Jaurès, Stalingrad • +33 1 42 09 66 74 • www.25est.com • Di–So 11–2 Uhr

✳ Alimentation générale

Dem Namen zufolge könnte man meinen, dass es sich bei dieser Location um einen kleinen Supermarkt handelt. Auch die blaue Fassade mit ihren großen Fenstern spricht dafür. Dass dies nicht der Fall ist, verrät die lange Bar, die kleine Bühne, auf der regelmäßig **kostenlose Konzerte** stattfinden, und die ausgelassene Stimmung des Clubs. Am Wochenende sollte man unbedingt rechtzeitig da sein. Denn wenn es voll ist, schließen die Türen!

64, Rue Jean-Pierre Timbaud, 75011 Paris • Metro: Parmentier • +331 43 55 42 50 • www.alimentation-generale.net • Mi 19–2, Do–Sa 19–24, So 19–2 Uhr • Eintritt: frei oder 5–20 € je nach Event

✳ Le Bataclan

Die bekannte Pariser **Konzerthalle** ist Schauplatz für Theateraufführungen, Konzerte, Stand-ups und andere Veranstaltungen. Bereits im 19. Jahrhundert war der Bataclan ein Konzert-Café in chinesischer Architektur mit tempelähnlichem Dach. Letzteres gibt es heute nicht mehr. Seit 2006 allerdings erstrahlt die sehr auffällige Fassade in ihren originalen Farben. Bekannte Stars wie Snoop Dogg, Oasis und Robbie Williams haben hier schon gespielt.

50, Boulevard Voltaire, 75011 Paris • Metro: Oberkampf • +33 1 43 14 00 30 • www.bataclan.fr • Eintritt: je nach Event

✳ Bar Ourcq

Die Bar Ourcq am Canal de l'Ourcq besticht durch ihre Terrasse in urlaubsgleicher Lage **direkt am Wasser** und ihre unschlagbar günstigen Preise. Besonders im Sommer ist diese Bar ein absolutes Muss. Ab spätem Nachmittag legen DJs auf und die Bar leiht kostenlos Liegenstühle und Petanque-Kugeln aus. Getränke werden in Plastikbechern serviert, sodass man sie an die Ufer des Kanals mitnehmen kann.

Wer sich ein paar Cocktails genehmigen will – und das mit besonderer Aussicht, der kommt an der »Bar 25 Degrés Est« in Paris nicht vorbei. →

↑ *»Alimentation Générale« steht für Bar, Club, Konzerthalle und Restaurant in einem. Beliebter Ausgeh-Spot in Paris. Wer nach 22 Uhr die Bar verlässt, darf nicht wieder rein!*

68, Quai de la Loire, 75019 Paris • Metro: Laumière • +33 1 42 40 12 26 • http://barourcq.free.fr • Mi–Do 15–24, Fr–Sa 15–1.45, So 15–22 Uhr

✳ Barrio Latino

Auf die Frage, wo man in Paris am besten **Salsa tanzen** kann, lautet die Antwort im Barrio Latino. Die Bar geht über vier Etagen, die durch eine grandiose Treppe verbunden sind. Ihre Fassade und Metallstruktur stammen von Gustave Eiffel höchstpersönlich. Die Stimmung ist unbeschreiblich hot! Profis und Amateure stürmen zu späterer Stunde die Tanzfläche und tanzen Salsa. Top Adresse!

46, Rue du Faubourg Saint-Antoine, 75012 Paris • Metro: Bastille, Ledru-Rollin • +33 1 55 78 84 75 • www.barrio-latino.com • Mo–So 12–15, 19.30–23 Uhr

✳ La Bellevilloise

La Bellevilloise ist für vieles bekannt (S. 161). Neben dem **grandiosen Jazz-Brunch** am Sonntag, zieht es zu seinen regelmäßig stattfindenden Konzerten und Themenabenden wie »Free your Funk« und 1980er-Jahre-Songs ein großes, breit gefächertes Publikum an. Diese Veranstaltungen sind immer sehr gut besucht! La Bellevilloise steht für ein außergewöhnliches Design und ein vielseitiges Konzept.

19–21, Rue Boyer, 75020 Paris • Metro: Gambetta, Ménilmontant • +33 1 46 36 07 07 • www.labellevilloise.com • Mi–Do 19–1, Fr 19–2, je nach Programm 11–2 oder 18–2, So je nach Programm 11.30–17 oder 11.30–24 Uhr • Eintritt: frei oder 10–20 € je nach Event

✳ Café de la Danse

Der **Konzertsaal** im Bastille-Viertel ähnelt vom Aufbau her einem Theater. Er fast 500 Plätze, von denen mehr als die Hälfte Sitzplätze sind. Der Club geht über zwei Etagen. Auf der oberen Ebene befindet sich eine Bar, von der aus man einen tollen Blick auf die Bühne hat. Indie, Pop und Rock stehen auf dem

Programm. Fast jeden Tag gibt es ein Konzert. Tickets kann man vorab im Internet bestellen.

5, Passage Louis Philippe, 75011 Paris • Metro: Bastille • +33 1 47 00 57 59 • www.cafedeladanse.com
Eintritt: 14–40 €

✳ Favela Chic

Ein absolutes Must für Fans brasilianischer Rhythmen! Im Favela Chic kann man essen und zu brasilianischer Musik tanzen. Besonders bekannt ist der Club für seine **Samba Musik**, die sehr ausgelassene Stimmung und seine Cocktails, die verheißungsvolle Namen wie Caipirinha, Caipiroska und Caipifruta tragen. Unbedingt testen, heiße Stimmung garantiert!

18, Rue du Faubourg du Temple, 75011 Paris • Metro: République • +33 1 40 21 38 14 • www.favelachic.com • Di–Do 19.30–2, Fr–Sa 19.30–4 Uhr • Eintritt: frei

✳ La Féline

La Féline ist eine klitzekleine **Rock-and-Roll-Bar** im Viertel Ménilmontant für coole Rocker mit Tattoos und sexy Mädels im Rock-and-Roll-Outfit und Leoprint. Die Eigentümer selbst tragen Tattoos, lange Haare und Ringe mit Totenköpfen. In der Bar im Sixties Style finden regelmäßig kleinere Konzerte statt. Manchmal werden alte Filme an die Wand projiziert. Cooles Ambiente, viele Leute!

6, Rue Victor Letalle, 75020 Paris • Metro: Ménilmontant • +33 1 40 33 08 66 • Di–Sa 18–2 Uhr

✳ La Flèche d'Or

Eine wahre Institution im Osten von Paris! Der Konzertsaal ist Treffpunkt der **Pariser Underground-Szene** und gleicht einem New Yorker Loft. Er befindet sich in einem ehemaligen Bahnhofsgebäude. Die Elektro- und Rockmusik-Konzerte, die hier fast jeden Abend stattfinden, sind häufig kostenlos. Meist treten mehrere Bands pro Abend auf!

102 bis, Rue de Bagnolet, 75020 Paris • Metro: Porte de Bagnolet • +33 1 44 64 01 02 • www.flechedor.fr • Di–Fr 20–2, Sa–So 20–6 Uhr • Eintritt: 10–30 € je nach Event

✳ L'International

Das gesellige **Konzert-Café** liegt nicht weit von der bekannten Rue Oberkampf entfernt. Jeden Abend finden zwei bis drei kostenlose Live-Auftritte statt. Meist handelt es sich um rockige Konzerte, im Untergeschoss des Clubs wird aber auch Folk, Hip Hop, Elektro und Pop gespielt. Lässige Stimmung mit coolem Publikum, Flohmarktmöbeln und Garagencharakter. Happy Hour von 18 bis 21 Uhr.

5/7, Rue Moret, 75011 Paris • Metro: Ménilmontant • +33 1 49 29 76 45 • www.linternational.fr • Mo–So 18 bis 2 Uhr

✳ Le Little

Le Little ist eine **schicke Bar** mit kleiner Außenterrasse und cooler Atmosphäre. Im Inneren wartet eine große Theke aus Holz, Retro-Tische und bequeme Sitzbänke mit Kissen auf ihre Gäste. Abends werden die Tische beiseitegeschoben und verschiedene DJs heizen dem Publikum ein. An der Bar gibt es bekannte Cocktails wie den klassischen Mojito auf kubanische Art, Caipirinha, Cuba Libre und Cosmo für 7 Euro.

4, Avenue de la République, 75011 Paris • Metro: République • +33 7 60 01 20 06 • Mo–Sa 16–2 Uhr, im Sommer auch sonntags geöffnet

✳ Mama Shelter

Das Mama Shelter vereint Restaurant, hippe Bar und hochmoderne Übernachtungsmöglichkeiten im hauseigenen Hotel. Alles designt von Philippe Starck. In der **Island-Bar** erwartet Gäste Rap und R&B Music. Donnerstag, Freitag und Samstag stehen Konzerte internationaler Künstler auf dem Programm. Daumen hoch für ein echt cooles Design, leckere Cocktails und eine klasse Stimmung!

109, Rue de Bagnolet, 75020 Paris • Metro: Gambetta, Porte de Bagnolet • +33 1 43 48 48 48 • www.mamashelter.com • Mo–Sa 12–15, 19–24, So 12.30–16.30, 19–24 Uhr

✳ La Maroquinerie

La Maroquinerie ist einer der aktuell besten Konzertsäle für Fans des Indie-Rock. Der Saal ist wie ein Amphitheater aufgebaut. Er hat eine **tolle Akustik** und bietet Platz für 500 Personen. Die angenehme Größe der Halle eignet sich prima für Konzerte und die Distanz zwischen Publikum und Künstlern ist sehr gering. Wer Hunger hat, kann im Restaurant-Bereich des Konzertsaals oder draußen im Garten die ganze Nacht lang etwas essen.

23, Rue Boyer, 75020 Paris • Metro: Ménilmontant • +33 1 40 33 35 05 • www.lamaroquinerie.fr • Mo–So 7.30–23.30 Uhr • Eintritt: 10–20 €

Don't miss

Anfang Oktober findet in Paris jedes Jahr die Nuit Blanche statt. Zahlreiche Museen, Kunstgalerien und Sehenswürdigkeiten können die ganze Nacht kostenlos besichtigt werden. Super Sache!

⁎ Nouveau Casino

Das Nouveau Casino ist ein Konzertsaal mit zwei großen Kronleuchtern aus dem 19. Jahrhundert und Club in einem. Fast jeden Abend finden **Techno- und House-Konzerte** für insgesamt 400 Personen statt. Im Club gibt es freitags und samstags angesagte Partys, bei denen der Eintritt vor 1 Uhr gratis ist oder 5 Euro kostet. Mit späterer Stunde wird es allerdings teurer. Tickets gibt es auf der Internetseite des Clubs.

109, Rue Oberkampf, 75011 Paris ▪ Metro: Parmentier, Rue Saint-Maur ▪ +33 1 43 57 57 40 ▪ www.nouveaucasino.net ▪ Eintritt: frei oder 10–30 €

⁎ Rosa Bonheur

Das Rosa Bonheur liegt im Pariser Park Buttes Chaumont (S. 151). Es ist ein **Café-Restaurant** mit hübscher Fassade und großer Außenterrasse, deren Tische und Stühle zwischen hohen Bäumen stehen. Im Sommer eignet es sich für einen gemütlichen Kaffee in toller Parkatmosphäre.

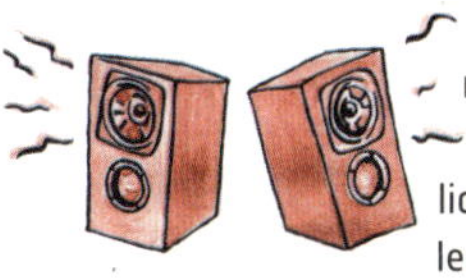

Abends wird das Ausflugslokal zu einem Bar-Restaurant, das Pariser en masse anzieht. Sonntagabend sehr beliebter Gay-Treff.

Parc des Buttes Chaumont, 2, Avenue des Cascades, 75019 Paris ▪ Metro: Botzaris ▪ +33 1 42 00 00 45 ▪ www.rosabonheur.fr ▪ Mi–So 12–24 Uhr

↑ *Wein ist des Franzosens liebstes Getränk: Der Beaujolais Nouveau wird jedes Jahr am dritten Donnerstag im November in allen Restaurants der Stadt serviert.*

⁎ Tiny Café

Der Name der Bar sagt bereits einiges über ihre Größe aus. Sie als groß zu bezeichnen, wäre eindeutig gelogen. Wenn es nicht die Größe ist, die diese Bar zu einem besonderen Tipp macht, dann sind es ohne Zweifel ihre großen Glasfenster und ihre **Happy Hour**. Jeden Wochentag von 17–21 Uhr kann man alkoholische Getränke und Cocktails für wenig Geld genießen!

11, Rue Daval, 75011 Paris ▪ Metro: Brêguet-Sabin ▪ +33 6 22 10 82 09 ▪ www.tinycafe.fr ▪ Di–Sa 9–2, So 9–18 Uhr

Übernachten

Die äußeren Viertel der östlichen Pariser Arrondissements liegen am Stadtrand. Hier findet man weitaus günstigere Unterkünfte als beispielsweise direkt im belebten Pariser Stadtzentrum oder im schicken Westen der französischen Metropole. Wer sich eine Unterkunft etwas außerhalb sucht, kann mit der gut verzweigten Pariser Metro schnell und meist sogar direkt ins Stadtzentrum fahren. Schöne Hotels sind zum Beispiel in der Nähe der Promenade plantée (S. 152), im sehr belebten Viertel Oberkampf oder auch in außergewöhnlichen Gebäuden wie einer ehemaligen Fabrik zu finden. Der östliche Teil der Stadt beherbergt außerdem einige bekannte Jugendherbergen, die Übernachtungen zu unschlagbar günstigen Preisen anbieten.

Auberge internationale de Jeunesse

Diese preislich sehr interessante Übernachtungsmöglichkeit liegt südöstlich der Bastille. Die **Jugendherberge** bietet private Zimmer, aber auch Schlafsäle mit zwei, drei oder vier Betten an. Einige Zimmer besitzen ein eigenes Bad, andere sind an ein Gemeinschaftsbad angeschlossen. In manchen Preisen ist das Frühstück bereits inbegriffen. Das Höchstalter für Gäste der Jugendherberge liegt bei 30 Jahren.

10, Rue Trousseau, 75011 Paris • Metro: Ledru-Rollin • +33 1 47 00 62 00 • www.aijparis.com • DZ: ab 14 €

Gardette Park Hôtel

Das hübsche **Drei-Sterne-Hotel** besitzt 40 kleine Zimmer, in denen ein bis vier Personen Platz finden. Es liegt direkt an einem kleinen Park. Die Zimmerausstattung mit Bügeleisen, IPod-Station und Wasserkocher ist gut. Am Morgen wird ein kontinentales Frühstück für günstige 7 Euro pro Person serviert. Die nächste Metrostation ist nicht weit, genauso wie der Friedhof Père Lachaise (S. 147) und das Viertel Oberkampf.

1, Rue du Général Blaise, 75011 Paris • Metro: Rue Saint-Maur, Saint-Ambroise • +33 1 47 00 57 93 • www.hotelgardettepark.com • DZ: ab 112 €

Grand Hôtel Français

Das Grand Hôtel Français liegt **nicht weit vom Place de la Nation** entfernt. Es verfügt über 40 relativ kleine Einzel- und Doppelzimmer. Sie sind individuell und modern designt, verfügen über kostenloses WLAN und eine Minibar mit kostenlosen alkoholfreien Getränken. Das Frühstück kostet 12 Euro pro Person. Ein Metrozugang liegt ganz in der Nähe des Drei-Sterne-Hotels.

223, Boulevard Voltaire, 75011 Paris • Metro: Rue des Boulets • +331 43712757 • www.grand-hotel-francais.fr • DZ: ab 117 €

Hotel Campanile

Oberhalb der Bastille ganz in der Nähe des Place des Vosges (S. 16) liegt das **Drei-Sterne-Hotel** Campanile. Die 161 Einzel- und Doppelzimmer des Hotels verfügen über einen Fernseher und einen Kaffee- und Teekocher. Das Frühstücksbuffet liegt bei 9,50 Euro pro Person und das WLAN kann gratis im gesamten Hotel genutzt werden. Eine Metrostation und eine Bäckerei liegen genau vor der Tür.

9, Rue du Chemin Vert, 75011 Paris • Metro: Chemin Vert, Brĕguet-Sabin • +33143385808 • www.campanile-paris-bastille.fr • DZ: ab 79 €

Hôtel Fabric

Das Hotel befindet sich in den Gemäuern einer **ehemaligen Textilfabrik**. Es zählt vier Sterne und liegt nur einen Katzensprung von der belebten Rue Oberkampf entfernt. Im Hotel gibt es 33 große, modern eingerichtete Zimmer mit Flachbildfernseher und Minibar. Das WLAN ist kostenlos und für das Frühstück zahlt man 15 Euro extra. Tolles Design, schicke Lobby und sehr freundliches Personal!

31, Rue de la Folie Mĕricourt, 75011 Paris • Metro: Saint-Ambroise • +331 43572700 • www.hotelfabric.com • DZ: ab 143 €

Relaxen und Entspannen bei Sonnenschein und strahlend blauem Himmel am Bassin de la Villette. Kann es etwas Schöneres geben? →

Hôtel des Métallos

Das **Drei-Sterne-Hotel** liegt in einer Seitenstraße der belebten Rue Oberkampf. Es verfügt über 24 normal große Zimmer, die allesamt modern und farbenfroh eingerichtet sind. Sie sind mit kostenlosem WLAN, Fernseher und Fön ausgestattet. Das Preis-Leistungsverhältnis ist top. Das Frühstück kostet 10 Euro und die Metro ist gleich nebenan.

50, Rue de la Folie Méricourt, 75011 Paris • Metro: Oberkampf, Parmentier • +33 1 43 38 73 63 • www.hoteldesmetallos.com • DZ: ab 89 €

Hôtel du Printemps

Nicht weit von der Promenade plantée, Bercy Village (S. 152) und dem Bois de Vincennes entfernt, liegt dieses schöne **Zwei-Sterne-Hotel**. Es verfügt über 38 kleine Einzel- und Doppelzimmer, die modern in neutralen Farben und mit Parkett ausgestattet sind. Das WLAN ist kostenlos, aber nur an der Rezeption verfügbar. Frühstück gibt es als Buffet für 9 Euro pro Person. Das Hotel besitzt einen kleinen Innenhof und eine gute Metroanbindung.

80, Boulevard de Picpus, 75012 Paris • Metro: Picpus • +33 1 43 43 62 31 • www.hotel-paris-printemps.com • DZ: ab 85 Euro

Hôtel Le Twelve Paris

Das Zwei-Sterne-Hotel liegt zwischen dem Place de la Nation und der Périphérique, der Pariser Ringautobahn. Es zeichnet sich durch sein **gutes Preis-Leistungsverhältnis** aus. Seine 33 kleinen Zimmer sind einfach eingerichtet, kostenloses WLAN inklusive. Das kontinentale Frühstück liegt bei 7 Euro pro Person. Die nächste Metrostation befindet sich etwa 200 Meter entfernt, die Verbindung zum Disneyland ist direkt.

82, Avenue du Docteur Arnold Netter, 75012 Paris • Metro: Porte de Vincennes • +33 1 43 43 78 50 • www.hoteltwelveparis.com • DZ: ab 64 Euro

Hôtel Verlain

Die 38 Einzel- und Doppelzimmer des **Drei-Sterne-Hotels** sind mit Fernseher, Minibar und WLAN ausgestattet. Das Frühstückbuffet kostet 10 Euro pro Person. Wer außerhalb frühstücken möchte, kann dies in einer der umliegenden Bäckereien tun. Die nächste Metrostation befindet sich ganz in der Nähe, genauso wie Geschäfte, Restaurants und Cafés.

97, Rue Saint-Maur, 75011 Paris • Metro: Parmentier, Rue Saint-Maur • +33 1 43 57 44 88 • www.verlain.fr • DZ: ab 84 Euro

✱ The Loft Boutique Hostel & Hotel

Im 20. Arrondissement zwischen Belleville und Ménilmontant liegt dieses schöne Hostel. Es besitzt 29 **bunt eingerichtete Zimmer** mit zwei, vier, fünf oder acht Betten. Die Zimmer verfügen über ein Bad mit Dusche, TV und Telefon. Das Frühstück ist im Preis inklusive. Allen Gästen steht eine voll eingerichtete Küche zur Verfügung. Die nächste Metrostation ist nicht weit.

70, Rue Julien Lacroix, 75020 Paris • Metro: Pyrénées • +33 1 42 02 42 02 • www.theloft-paris.com • DZ: ab 20 €

✱ Mama Shelter

Östlich des Friedhofs Père Lachaise liegt eine angesagte Pariser Adresse. Das Hotel des Mama Shelter wurde wie sein Bar-Restaurant (S. 174) **von Philippe Starck designt**. Die 170 Einzel- und Doppelzimmer des Hotels sind sehr modern eingerichtet und verfügen über einen Mac, kostenloses WLAN, eine Mikrowelle und eine Minibar. Das Frühstücksbuffet ist gut und kostet 15 Euro pro Person, Terrasse inklusive.

109, Rue de Bagnolet, 75020 Paris • Metro: Porte de Bagnolet • +33 1 43 48 48 48 • www.mamashelter.com • DZ: ab 89 €

✱ St. Christopher's Inn Paris

Nettes Pariser **Hostel in schöner Lage** am Bassin de la Villette (S. 146). Es besitzt 66 Doppelzimmer und Schlafsäle mit sechs, acht, zehn oder zwölf Betten. Alle Schlafsäle bieten Zugang zu Gemeinschaftsbädern und haben abschließbare Schränke. Das Frühstück ist inklusive. Es gibt kostenloses WLAN und die nächste Metro ist gleich um die Ecke. Handtücher können bei Bedarf ausgeliehen werden.

159, Rue Crimée, 75019 Paris • Metro: Crimée • +33 1 70 08 52 22 • www.st-christophers.co.uk/paris-hostels • DZ: ab 19 €

Paris von A bis Z

Anreise

→ Mit der Bahn

Die Deutsche Bahn, der Thalys und der TGV fahren mehrmals am Tag von deutschen Großstädten wie Essen, Düsseldorf, Köln, Stuttgart, Frankfurt am Main, Saarbrücken, Karlsruhe und München in wenigen Stunden nach Paris. Mit City Line können Reisende etwa von Berlin und Hamburg im Schlaf-, Liege- oder Sitzwagen über Nacht nach Paris fahren.

→ Mit dem Flugzeug

Lufthansa und Air France bieten täglich mehrere Direktflüge von deutschen Metropolen nach Paris an. Von Deutschland, Österreich oder der Schweiz kommend landet man auf dem Flughafen Roissy-Charles de Gaulle im Osten der Stadt. Lufthansa fliegt ab Frankfurt am Main und München, während Air France Flüge von Bremen, Frankfurt am Main, Hamburg, Köln/Bonn, München und Stuttgart in die französische Hauptstadt anbietet. Auch Air Berlin (Berlin-Tegel, Frankfurt am Main, Karlsruhe/Baden-Baden, Köln/Bonn, Nürnberg, München, Saarbrücken) und Easyjet (Berlin-Schönefeld) bieten Direktflüge nach Paris an.

→ Mit dem Auto

Bei der Anreise mit dem Auto nach Paris müssen die Mautgebühren auf den französischen Autobahnen und Parkgebühren in der Pariser Innenstadt ins Budget einkalkuliert werden. Genauso wie dichter Berufsverkehr zur Pariser Rushhour und das teilweise rüde Fahrverhalten französischer Autofahrer.

→ Mit dem Bus

Langstreckenbusse wie euroLines fahren Richtung Paris zu günstigen Tarifen (www.eurolines.de).

Autobahnen

Das Tempolimit auf Pariser Autobahnen liegt bei 130 km/h. Da ein Großteil der französischen Autobahnen in privater Hand ist, müssen Mautgebühren bezahlt werden. Kleingeld oder Kreditkarte bereithalten!

Bargeld und Karten

In Paris kann man in Geschäften, Supermärkten und Restaurants meist schon den kleinsten Betrag mit Karte zahlen. Dabei fallen mit einer deutschen Kreditkarte keine zusätzlichen Kosten an. Wenn allerdings am Geldautomaten in Frankreich Bargeld abgehoben wird, fallen Gebühren an. Einzige Ausnahme: Kunden der Deutschen Bank können in Frankreich bei der Bank BNP Paribas kostenlos Geld abheben.

Botschaft

Ambassade de la République fédérale d'Allemagne · 13/15, Avenue Franklin D. Roosevelt, 75008 Paris · Mo–Do 8.30–16.45, Fr 8.30–14 Uhr · +33 1 53 83 45 00, Fax +33 1 53 83 45 02

Briefmarken

Briefmarken können bei der Post oder in Pariser Tabakgeschäften gekauft werden.

Café

In einigen Pariser Restaurants und Cafés gibt es Preisstaffelungen für Kaffeespezialitäten und andere Getränke. Der Preis richtet sich nach dem Ort, an dem man seinen Kaffee trinkt. Wenn das Café Thekenbetrieb anbietet, ist der Kaffee an der Theke am günstigsten. Trinkt man ihn am Tisch im Innenraum kostet er mehr. Seltener wird noch einmal zwischen Innenraum und Terrasse unterschieden. Auf der Terrasse ist der Kaffee dann am teuersten.

Camping

Der Vier-Sterne-Campingplatz Paris Bois de Boulogne liegt nicht weit vom Pariser Stadtzentrum entfernt. Er bietet eine Shuttle-Verbindung zur Porte Maillot. Von dort aus fährt die Metro zu allen Sehenswürdigkeiten der Stadt.
Camping Paris Bois de Boulogne, 2, allée du Bord de l'Eau, 75016 Paris
Mehr Infos unter: www.campingparis.fr

Essen und Trinken

In Paris gibt es zahlreiche Restaurants, auf deren Menüs französische Spezialitäten, aber auch internationale Küche steht. Nicht alle Restaurants bieten durchgehend warme Küche an. Die meisten schließen nach dem Mittagstisch von 14.30–18/19 Uhr ihre Küche und servieren in dieser Zeit ausschließlich kleinere Snacks, Desserts und Kaffee.

Feiertage

1. Jan.: Neujahrstag · März/April: Ostermontag · 1. Mai: Tag der Arbeit · 8. Mai: Tag des Waffenstillstands 1945 · 20. Mai : Christi Himmelfahrt · 30. Mai: Pfingstmontag · 14. Juli: Französischer Nationalfeiertag · 15. Aug.: Mariä Himmelfahrt · 1. Nov.: Allerheiligen · 11. Nov.: Waffenstillstand 1918 · 25. Dez.: Weihnachten

Führungen

Stadtführungen sind eine tolle Möglichkeit, die verschiedenen Pariser Stadtviertel und Sehenswürdigkeiten mit einer Person, die sich bestens auskennt, zu erkunden. Im Louvre und in Versailles zum Beispiel können Interessierte geführte Touren in deutscher Sprache buchen. In Notre-Dame finden jeden Freitag und Samstag um 14 Uhr kostenlose deutschsprachige Führungen statt. Mehr Infos unter:
Touristen in Paris: www.help-tourists-in-paris.com/stadtfuehrungen-durch-paris
Paris Greeters: www.parisgreeters.fr

Gratis-Eintritte für unter 26-Jährige

Unter 26-Jährige, die aus einem zur Europäischen Union gehörendem Land stammen, können alle nationalen Museen und Sehenswürdigkeiten in Paris und Umgebung kostenlos besichtigen. Zu den bekanntesten nationalen Museen, in denen diese Regelung greift, zählen der Louvre, die Orangerie, das Centre Georges Pompidou und das Musée d'Orsay. Zu den nationalen Sehenswürdigkeiten gehören unter anderem der Triumphbogen, das Pantheon, die Türme von Notre-Dame sowie die Sainte-Chapelle. Zur Liste der kostenlosen Sehenswürdigkeiten zählt in diesem Zusammenhang auch das Schloss von Versailles.

Hotels

Pariser Hotels sind in Sterne-Kategorien von eins bis fünf eingeteilt. Die französische Einteilung entspricht allerdings nicht immer den deutschen Standards. Seit 2010 gibt es in Frankreich eine neue Hotelkategorie. Sie wird als Palace bezeichnet und an Luxushotels vergeben. Sie kommt nach der Fünf-Sterne-Kategorie.

Internet

Viele Pariser Hotels bieten ihren Gästen kostenloses WLAN an. Genauso wie einige Cafés und Restaurants. Die Stadt hat zudem viele bekannte Sehenswürdigkeiten und eine große Anzahl öffentlicher Parks, die mit einem kostenlosen WLAN-Netz ausgestattet sind. Ein Schild mit der Aufschrift Wifi, so nennt man das WLAN im Französischen, kennzeichnet diese Orte. Eine Übersicht gibt es hier: map.help-tourists-in-paris.com/w-lan

Kaffeesorten

Kaffee ist nicht gleich Kaffee. In Frankreich unterscheidet man zwischen verschiedenen Kaffeesorten. Für jeden Kaffee gibt es einen speziellen Namen, der meist seine Größe, Stärke oder die Tatsache, ob er Milch enthält oder nicht, beschreibt. Aufgepasst: Wer im Café in Paris *un café* bestellt, bekommt keine Tasse schwarzen Filterkaffee, sondern einen kleinen Espresso serviert.
un café (Espresso) · un café serré – (hoch konzentrierter Espresso) · un café noisette (Espresso mit Milch) · un café allongé (verdünnter Espresso) · un double expresso (doppelter Espresso) · un café crème (Milchkaffee) · un café americain (verdünnter, großer schwarzer Kaffee, ähnlich dem Filterkaffee)

Kiosque

In Paris gibt es drei Kiosque Théâtre, an denen man Tickets für Konzerte, Theateraufführungen und andere Veranstaltungen für denselben Tag kaufen kann. Der Vorteil ist, dass diese Tickets in den meisten Fällen nur die Hälfte kosten und kurzfristig gekauft werden können.
Kiosque Théâtre Ternes: Place des Ternes, 75017 Paris, Di–Sa 12.30–20, So 12.30 bis 16 Uhr · Kiosque Théâtre Madeleine: Place de la Madeleine, 75008 Paris, Di–Sa 12.30–20, So 12.30–16 Uhr · Kiosque Théâtre Montparnasse: zwischen dem Tour Montparnasse und dem Bahnhof Montparnasse, Di–Sa 12.30–20, So 12.30–16 Uhr

Limousinenservice

Blacklane, ein deutsches Unternehmen, bietet Touristen eine alternative Möglichkeit des Flughafentransfers in Paris an. Auf der Internetseite des Unternehmens kann man die Fahrt vom Flughafen in die Pariser Innenstadt bequem von zu Hause aus buchen. Der Vorteil gegenüber der normalen Taxifahrt liegt darin, dass der Preis für die Fahrt bereits im Voraus feststeht und nicht willkürlich festgelegt wird. Mehr unter www.blacklane.com

Menschen mit Behinderung

Viele Metrostationen besitzen Aufzüge, die Menschen mit Gehbehinderung oder Rollstuhlfahrer nutzen können. Busse sind meist mit ausfahrbaren Rampen ausgestattet. Auf Fahrkarten für die Nutzung der öffentlichen Verkehrsmittel gibt es mit dem deutschen Behindertenausweis offiziell keine Rabatte. Viele Museen bieten vergünstigte Tickets für Menschen mit Behinderung und deren Begleitperson an.

Metrotickets

→ Einzelfahrscheine

Ein Einzelfahrschein für die Nutzung der öffentlichen Verkehrsmittel im Pariser Stadtzentrum kostet 1,70 €. Wer die Tarifzone 1–2 verlässt, bezahlt mehr.

→ Tagestickets

Mobilis Tagesticket können für beliebig viele Fahrten mit den Öffentlichen in den gewählten Zonen genutzt werden. Das Mobilis Tagesticket kann für die Zonen 1–2, 1–3, 1–4 und 1–5 gekauft werden. Jugendliche unter 26 Jahren fahren samstags, sonntags und an Feiertagen mit dem Tagesticket Jeunes Weekend günstiger.

→ Wochentickets

Der Pass »Navigo Découverte« gilt von Mo–So und ist für die Zonen 1–2, 1–3, 1–4 und 1–5 erhältlich. Die Ausstellung kostet 5 Euro und man benötigt ein Passfoto. Der Pass ist 10 Jahre gültig und kann innerhalb dieses Zeitraums beliebig oft wieder aufgeladen werden.

Museen

Viele Pariser Museen haben montags oder dienstags sowie an einigen nationalen Feiertagen geschlossen. Meist öffnen sie zwischen 9–10 Uhr und schließen zwischen 17–18 Uhr. Einige Museen öffnen an bestimmten Tagen der Woche länger.

Notrufnummern

Notarzt 15 · Feuerwehr 18 · Polizei 17

Öffentliche Toiletten

In Paris gibt es knapp 400 öffentlichen Toiletten, die Nutzung ist kostenlos.

Öffentlicher Nahverkehr

Paris ist in fünf Tarifzonen unterteilt. Alle bekannten Sehenswürdigkeiten liegen in der Tarifzone 1–2. Versailles und der Flughafen Orly befinden sich in Zone 4 und das Disneyland Paris und der Flughafen CDG in Zone 5. Neben der Metro gibt es in Paris Linienbusse, RER-Züge und Tramlinien, die zur Fortbewegung dienen.

Öffnungszeiten

Die Geschäfte sind i.d.R. den ganzen Tag von 9–19 Uhr bzw. von 10–20 Uhr geöffnet. Sonntag ist Ruhetag. Geschäfte, die sich in touristischen Zonen befinden, können auch sonntags sowie an Feiertagen öffnen. Donnerstags haben große Kaufhäuser wie die Galeries Lafayette verlängert bis 21 Uhr geöffnet. In der Weihnachtszeit sind die Sonntage im Dezember verkaufsoffen. Im Urlaubsmonat August sind viele kleinere Boutiquen meist komplett geschlossen.

Paris Visite Pass

Der Paris Visite Pass ist ein Metroticket für Touristen, das für ein, zwei, drei oder fünf Tage gekauft werden kann. Es beinhaltet zusätzlich zur unbegrenzten Nutzung der öffentlichen Verkehrsmittel zahlreiche Preisnachlässe auf Sightseeingaktivitäten.

Parken

Parken in Paris ist i.d.R. von Mo–Sa von 9–19 Uhr kostenpflichtig. Das Stadtzentrum ist in drei Tarifzonen gegliedert. Im Zentrum kostet das Parken pro Stunde 3,30 €, in der Tarifzone 2 noch 2,40 € und in der Tarifzone 3 noch 1,20 €. Parken ist am Straßenrand oder auch in Parkhäusern möglich. Von 19–9 Uhr kann man am Straßenrand kostenlos parken. Hierbei ist Folgendes zu beachten: In Paris gibt es zwei Arten von Parkautomaten. Wenn das blaue Parkschild am Automaten einen gelben Punkt trägt, kann Sa/So und an Feiertagen kostenlos geparkt werden. Fehlt der gelbe Punkt, muss auch an diesen Tagen ein Parkticket gelöst werden. Im Urlaubsmonat August ist das Parken in Paris jeden Tag kostenlos. Dies gilt allerdings nicht für Parkplätze, deren Parkautomaten mit dem gelben Punkt versehen sind.

Pickpockets

Vorsicht vor Taschendieben, die Touristen in der vollen Metro oder in der Nähe bekannter Sehenswürdigkeiten bestehlen! Sehr oft werden Rucksäcke, Kameras und Handys geklaut.

Private Apartments

Neben Hotels bieten sich private Apartments als Übernachtungsmöglichkeit an. Mehr unter: www.airbnb.com · www.wimdu.com · www.9flats.com

Sightseeingtouren

→ Bustouren

Les Cars Rouges: Hop on/Hop off, neun Haltestellen, Zweitagesticket 31 €, 10% Rabatt auf Onlinebuchungen, www.carsrouges.com
Open Tour: Hop on/Hop off, 4 Touren, Tagesticket 31 €, www.parislopentour.com
Foxity: Hop on/Hop off Eintagespass inklusive Audioguide 20 €, 2-stündige Tour ohne Ein- und Aussteigen 17 €, www.foxity.com

→ Bootsfahrten

Vedettes du Pont Neuf: Abfahrt Pont Neuf, alle 30 Min. von 10–22.30 Uhr zwischen April–Sept., alle 60 Min. von 10.30–21.30 Uhr von Okt.–März, www.vedettes-dupontneuf.com, 13 €
Bateaux Parisiens: Abfahrt am Eiffelturm und Notre-Dame, alle 30 Min. von 10–22.30 Uhr zwischen April–Sept., im Hochsommer bis 23 Uhr, alle 45 Min. von 10.15–21 Uhr zwischen Okt.–März, www.bateauxparisiens.com, 13–14 €
Bateaux mouches: Abfahrt Pont de l'Alma, alle 30–45 Min. von 10.15–22.30 Uhr zwischen April–Sept., alle 45–60 Min. von 11–21.30 Uhr zwischen Okt.–März, www.bateaux-mouches.fr, 12,50 €
Batobus: Wassertaxi, das acht Stationen anfährt, www.batobus.com, Tagespass 15 €

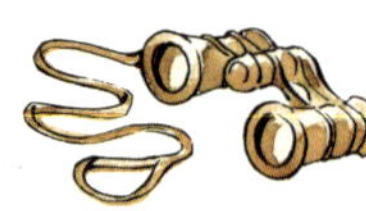

→ Fahrradtouren durch Paris

www.paris.fattirebiketours.com · www.parisbiketour.net

Silvester

Das Zünden von Knallern an Silvester ist verboten. Am 31. Dezember trifft man sich auf den Champs-Elysées oder den Champs de Mars – ohne Feuerwerk. Das einzige offizielle Feuerwerk findet am Französischen Nationalfeiertag statt.

Taxi

Der Grundpreis für eine Fahrt liegt bei 2,50 €, der Mindestpreis bei 6,60 €. Es wird zwischen Tag- und Nachttarif sowie Wochen- und Wochenendtag unterschieden. Für die vierte Person wird stets ein Aufpreis berechnet, genauso wie für mehr als ein Gepäckstück. Viele Taxifahrer lehnen vier Fahrgäste aus Versicherungsgründen ab. Alpha Taxi, www.alphataxis.com, +33 1 45 85 85 85 · Taxis Bleus, www.taxis-bleus.com, +33 1 49 36 29 48 · Taxi G7, www.taxig7.fr, +33 1 47 39 47 39

Trinkgeld

In Frankreich wird beim Bezahlen nicht aufgerundet. Das Trinkgeld lässt man in der Regel einfach auf dem Tisch liegen. Normalerweise ist es bereits in der Rechnung inbegriffen. Wenn der Service aber gut und die Bedienung freundlich gewesen sind, kann man etwas Trinkgeld geben.

Trinkwasser

In Paris gibt es knapp 1000 Trinkwasserbrunnen. In Restaurants und Cafés wird zum Kaffee oder Essen eine kostenlose Carafe d'eau mit Leitungswasser serviert.

Touristeninformation

In Pariser Flughäfen und Bahnhöfen zu finden. Das Hauptbüro befindet sich in der 25–27, Rue des Pyramides, 75001 Paris.

Vélib

Mit einer Kreditkarte kann man sich ein Fahrrad an den über 1800 Vélib-Stationen ausleihen. Auf der Karte müssen mindestens 150 € sein, da diese als Kaution dienen. Das Eintagesticket kostet 1,70 €. Mehr Infos unter: www.velib.paris.fr

Weihnachten in Paris

Von November bis Januar sind die Champs-Elysées weihnachtlich geschmückt. Die großen Kaufhäuser wie die Galeries Lafayette ziehen zahlreiche Besucher an. Große und kleine Weihnachtsmärkte laden in Paris zum Glühweintrinken ein.

Zeitungen / Zeitschriften

Tageszeitungen und Zeitschriften in deutscher Sprache kann man an den Flughafen CDG und Orly sowie an den Pariser Bahnhöfen im Zeitschriftenladen »Relay« kaufen. Die Preise sind allerdings höher als in Deutschland.

Register

Sehenswürdigkeiten

Straßennamen

In gleicher Reihe erschienen:

978-3-7654-6820-9

978-3-7654-8233-5

978-3-7654-6808-7

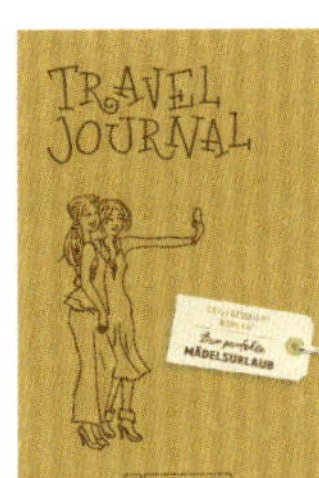

978-3-7654-8457-5

Impressum

Verantwortlich: Dorothea Sipilä
Illustrationen: Cornelia Seelmann, Berlin
Redaktion: Petra Sparrer, Köln
Layoutkonzept und Umschlaggestaltung: coverdesign uhlig, Augsburg
Layout und Satz: VerlagsService Gaby Herbrecht, Mindelheim
Repro: Repro Ludwig, Zell am See
Kartografie: Huber Kartographie, München
Herstellung: Barbara Uhlig
Gesamtherstellung: Verlagshaus GeraNova Bruckmann

★★★★★

Sind Sie mit diesem Titel zufrieden? Dann würden wir uns über Ihre Weiterempfehlung freuen.

Erzählen Sie es im Freundeskreis, berichten Sie Ihrem Buchhändler, oder bewerten Sie bei Onlinekauf.

Und wenn Sie Kritik, Korrekturen, Aktualisierungen haben, freuen wir uns über Ihre Nachricht an Bruckmann Verlag, Postfach 40 02 09, D-80702 München oder per E-Mail an lektorat@verlagshaus.de.

Unser komplettes Programm finden Sie unter www.bruckmann.de

Umschlagrückseite: Antikes Karussell am Eiffelturm © Shutterstock/BTRSELLER.

Bildnachweis: Alle Bilder stammen von Denise Urbach außer: S. 33: AndyWahloo. S. 35: Nikolas Barek. S. 36: Diane Yoon. S. 67: PhilippeLevy. S. 69, 71: Auloup. S. 99, 103: Romeo Balancourt. S. 133: Teddy Morellec.
Folgende Bilder wurden über shutterstock.com bezogen: S. 39 Nikonaft. S. 40: Bufflerump. S. 49 (oben): kavram. S. 49 (unten): Micha Klootwijk. S. 75: abxyz. S. 83: St. Nick. S. 84: rubiphoto. S. 86: ribeiroantonio. S. 87 (oben): Elena Dijour. S. 87 (unten): Thierry Guinet. S. 100: eska2005. S. 105: Ivan Bastien. S. 107: Crobard. S. 113: Alexander Demyanenko. S. 115: Tupungato. S. 151: lotsostock.

Die Deutsche Nationalbibliothek verzeichnet diese Publikation in der Deutschen Nationalbibliografie; detaillierte bibliografische Daten sind im Internet über http://dnb.d-nb.de abrufbar.

ISBN 978-3-7654-8232-8